U0115147

中国第一部立体成语词典

★第五卷

中国成语印谱

杨桂臣 编著

辽宁教育出版社

目录

R

S

T

W

X

矢口否认		【矢口否认】shǐ kǒu fǒu rèn 矢口：发誓。指一口咬定，坚决不承认。
实逼处此		【实逼处此】shí bī chǔ cǐ 《左传·隐公十一年》："无滋他族，实逼处此，以与我郑国争此土也。"这是春秋时鲁、齐、郑三国打下许国后郑庄公对许国大夫百里说的话。当时郑庄公不想灭掉许国，只想让许国作为外围的屏障，不再跟郑国为敌，所以这样说。原指占据这个逼近郑地的许国。后来转用以表示为情势所迫，不得不如此。
食而不化		【食而不化】shí ér bù huà 食：吃。化：消化。吃下去不消化。比喻对所学知识未能理解，不会运用。
时乖命蹇		【时乖命蹇】shí guāi mìng jiǎn 时、命：时机，运气。乖：违背。蹇：不顺利。时运不济，处境困难不顺利。

食租衣税		【食租衣税】shí zū yì shuì 依靠百姓缴纳的租税生活。《汉书·食货志下》："县官当食租衣税而已。"
十步芳草		【十步芳草】shí bù fāng cǎo 芳草：香草，指人才。比喻处处有人才。
绳趋尺步		【绳趋尺步】shéng qū chǐ bù 绳、尺：引申为法度。指举止符合规矩，毫不随便。
时移俗易		【时移俗易】shí yí sú yì 移、易：改变，变化。时代变了，社会的风俗习惯也随之变化。

手急眼快		【手急眼快】shǒu jí yǎn kuài 疾：快，迅速。形容动作机灵，眼光敏捷。
势均力敌		【势均力敌】shì jūn lì dí 均：相等、相当。双方势力相当，不分上下。
是古非今		【是古非今】shì gǔ fēi jīn 是：认为正确。非：认为不对。认为古代的对，今天的不对。即崇尚古代的，贬低现在的。语出《史记·秦始皇本纪》："今诸生不师今而学古，以非当世，惑乱黔首。"
视为畏途		【视为畏途】shì wéi wèi tú 看成是危险可怕的道路。也比喻把事情看得极为困难可怕，不敢去做。

万念俱灰		【万念俱灰】wàn niàn jù huī 俱：全，都。一切想法、念头全都化为灰烬。形容受到打击、挫折后，极端失望、消沉。
兔走乌飞		【兔走乌飞】tù zǒu wū fēi 走：跑。古代神话说太阳中有金色三足乌，月亮中有玉兔。玉兔飞跑，金乌飞逝。形容时间迅速流逝，光阴似箭。也比喻四处逃窜。
顽石点头		【顽石点头】wán shí diǎn tóu 形容说理透彻，感化力强，使不易被说服的人也心悦诚服。据晋代无名氏《莲社高贤传·道生法师》记载，传说晋朝和尚道生法师对着石头讲经，石头都点起头来。
微言大义		【微言大义】wēi yán dà yì 微言：精微深奥的言辞。大义：深奥的含义。原指儒家经书中精微的言辞蕴含着深刻的道理。后来多指精微的语言包含着深奥的意义。

姗姗来迟		【姗姗来迟】shān shān lái chí 姗姗：行走缓慢从容的样子。形容来得很晚。《汉书·孝武李夫人传》：“上益相思悲感，为作诗曰：‘是耶，非耶？立而望之，偏何姗姗其来迟！’”
三班六房		【三班六房】sān bān liù fáng 明清时州县衙门中吏役的总称。三班分皂、壮、快各班，都是隶役；六房分吏、户、礼、兵、刑、工各房，都是胥吏。《晚清文学丛钞（小说一卷）·颐琐〈黄绣球〉第一回》：“到第二天，黄通理晓得衙门里上半天是三班六房都冷清清无人到的，就从家中经至所约的茶坊内等候。”
三朝元老		【三朝元老】sān cháo yuán lǎo 元老：指资格老有声望的大臣。原指历事三个朝代的重臣。现比喻几个历史时期都参与其事的人。
如数家珍		【如数家珍】rú shǔ jiā zhēn 数：点数。珍：珍贵物品。像数着自己家里藏的珍宝那样清楚，那样得意。比喻对所讲的事情十分熟悉。

吮痈舐痔		【吮痈舐痔】shǔn yōng shì zhì 吮：吸。痈：一种化脓的毒疮。舐：舔。痔：痔疮。为人吸舔疮痔上的脓血。比喻谄媚之徒巴结权贵的卑劣行为。《庄子·列御寇》："秦王有病召医，破痈溃痤者得车一乘、舐痔者得车五乘。"
陶犬瓦鸡		【陶犬瓦鸡】táo quǎn wǎ jī 陶土做的狗，泥土塑的鸡。比喻无用之物。梁元帝萧绎《金缕子》："陶犬无守夜之警，瓦鸡无司晨之益。"
忐忑不安		【忐忑不安】tǎn tè bù ān 心神不定。形容心神不安宁。
随乡入乡		【随乡入乡】suí xiāng rù xiāng 指到哪个地方就按当地的风俗习惯行事。

视如寇仇		【视如寇仇】shì rú kòu chóu 寇仇：仇敌。把对方看作盗匪仇敌一样。形容极端仇恨对方。《孟子·离娄下》："君之视臣如土芥，则臣视君如寇仇。"
手舞足蹈		【手舞足蹈】shǒu wǔ zú dǎo 蹈：顿足踏地。双手舞起来，双脚跳起来。形容高兴到了极点。《文选·卜子夏〈毛诗序〉》："情动于中而形于言。言之不足，故嗟叹之；嗟叹之不足，故永歌之；永歌之不足，不知手之舞之，足之蹈之也。"
誓死不二		【誓死不二】shì sǐ bù èr 誓死：立下至死不变的志愿。就是死了也不生二心。表示坚定不移的决心。
室如悬磬		【室如悬磬】shì rú xuán qìng 悬：挂。磬：古代石制的打击乐器，悬挂在架上演奏。屋子里空无所有，就像悬磬四周空荡荡一般。本指府库空虚，后形容家境贫寒。《国语·鲁语上》："齐侯曰：'室如悬磬，野无青草，何恃而不恐？'"

头上安头		【头上安头】tóu shàng ān tóu 禅宗语录。比喻不必要的重复。宋·吴可《学诗诗》："学诗浑似学参禅，头上安头不足传。跳出少陵窠白处，丈夫志气本冲天。"
徒乱人意		【徒乱人意】tú luàn rén yì 徒：徒然，白白地。乱：扰乱、烦乱。徒然地使人心烦意乱。形容于事无补，只是增加烦恼。
停云落月		【停云落月】tíng yún luò yuè 停云：晋·陶渊明有《停云》诗，其序云："停云，思亲友也。"落月：唐·杜甫《梦李白》诗有"落月满屋梁，犹疑照颜色"之句。表示对亲友的怀念（旧时多用在书信里）。
偷合苟容		【偷合苟容】tōu hé gǒu róng 偷、苟：苟且。合：迎合。容：容身。曲意迎合他人，只求能容身就行。

如出一口		【如出一口】rú chū yī kǒu 好像出自一人之口。形容众口一词，说法一致。唐·韩愈《黄家贼事宜状》："杀伤疾患，十室九空；百姓怨嗟，如出一口。"
三姑六婆		【三姑六婆】sān gū liù pó 旧时对几种从事宗教迷信或旧习俗活动的妇女的蔑称。也多指不务正业、爱搬弄是非的妇女。
弱不禁风		【弱不禁风】ruò bù jīn fēng 弱：虚弱，软弱，瘦弱。禁：耐，承受。原意为虚弱得连风也经受不起，常形容人体质虚弱。
如箭在弦		【如箭在弦】rú jiàn zài xián 比喻事情到了不得不做的地步。《文选·陈琳〈为袁绍檄豫州〉》李善注引《魏志》记载，东汉末年，广陵人陈琳曾奉袁绍之命写过一篇讨伐曹操的檄文。檄文不仅历数曹操罪状，还骂了他祖宗三辈。后曹操打败袁绍并俘虏了陈琳，问及檄文之事，陈琳答道："矢在弦上，不可不发。"曹公爱其才而不责之。

望文生义		【望文生义】wàng wén shēng yì 不了解文字、词句的确切含义，只从字面上去作牵强附会的、片面的、甚至是错误的解释。清·顾千里《通鉴刊误补正序》：“梅晨虽熟乙部，间有望文生义，乃违本事。”
为鬼为蜮		【为鬼为蜮】wéi guǐ wéi yù 蜮：传说中能含沙射影、暗中害人的动物。比喻阴险狠毒、暗地害人的人，就象鬼和蜮一样。《诗经·小雅·何人斯》：“为鬼为蜮，则不可得。”
网漏吞舟		【网漏吞舟】wǎng lòu tūn zhōu 吞舟：吞舟的大鱼，借指巨奸大恶。网眼太大，漏掉吞舟的大鱼，比喻法令宽疏，致使罪大恶极的人逃脱惩罚。
威迫利诱		【威迫利诱】wēi pò lì yòu 用暴力压迫，用利益引诱。形容软硬兼施，使别人顺从自己。

入情入理		【入情入理】rù qíng rù lǐ 入：合乎。合乎情理。明·张岱《陶庵梦忆·五·柳敬亭说书》："款款言之，其疾徐轻重，吞吐抑扬，入情入理，入筋入骨。"
三番五次		【三番五次】sān fān wǔ cì 三、五：表示次数多。形容多次、屡次。明·沈鲸《双珠记·扩衣寄诗》："九院仪容不若，六宫娥嫔俱钦。皇帝见我动兴，三番五次留心。"
如兄如弟		【如兄如弟】rú xiōng rú dì 比喻彼此亲密无间。《诗经·邶风·谷风》："宴尔新昏，如兄如弟。"又旧俗异姓结为兄弟，年长的称"如兄"，年幼的称"如弟"。
如狼似虎		【如狼似虎】rú láng sì hǔ 形容人非常勇猛。也形容人像狼和虎一样残暴凶狠。元·关汉卿《蝴蝶梦》二折："如今监收媳妇，公人如狼似虎，相公又生嗔发怒。"

一馈十起		【一馈十起】yī kuì shí qǐ 馈：指吃饭。十：表示多数。吃一顿饭要站起好多次。形容事务繁忙。
一龙一猪		【一龙一猪】yī lóng yī zhū 比喻两人贤愚相去悬殊。唐·韩愈《符读书城南》："两家各生子，提孩巧相如。……三十骨骼成，乃一龙一猪。"
一日之雅		【一日之雅】yī rì zhī yǎ 雅：交情。只有一天的交情。指彼此仅仅认识，并无深交。《汉书·谷永传》："永奏书谢（王）凤曰：'永斗筲之才，质薄学朽，无一日之雅，左右之介。'"
一落千丈		【一落千丈】yī luò qiān zhàng 原指琴声由高陡然降低。后常用以形容景况、地位、声誉等急剧下降。唐·韩愈《听颖师弹琴》："跻攀分寸不可上，失势一落千丈强。"

舐糠及米		【舐糠及米】shì kāng jí mǐ 舐：舔。及：到。比喻逐步侵蚀，得寸进尺。严复《救亡决论》：“舐糠及米，终至危亡而已。”
视同儿戏		【视同儿戏】shì tóng ér xì 把事情看成像小孩子闹着玩一样。比喻对待事情不严肃，不认真。《初刻拍案惊奇》卷一一：“所以说为官做吏的人，千万不要草菅人命，视同儿戏！”
室迩人远		【室迩人远】shì ěr rén yuǎn 迩：近。屋子很近，屋子里的人却在很远的地方。常用为表示思念远方的人或悼念亡人。
事不宜迟		【事不宜迟】shì bù yí chí 宜：可以，应该。事情不可以被拖延。指应该马上去做。梁斌《播火记》一卷一：“姑娘，事不宜迟，快走！快走！”

危言危行		【危言危行】wēi yán wēi xíng 危：正，正直。讲正直的话，做正直的事。《论语·宪问》："邦有道，危言危行；邦无道，危行言孙（逊）。"
万应灵丹		【万应灵丹】wàn yìng líng dān 各种病都能治的灵药。比喻任何事情都可以适用的好方法。一般用于讽刺或诙谐。
违法乱纪		【违法乱纪】wéi fǎ luàn jì 违犯法令，破坏纪律。
为富不仁		【为富不仁】wéi fù bù rén 剥削者为了发财致富，心狠手毒，没有一点儿仁慈的心肠。《孟子·滕文公上》："为富不仁矣，为仁不富矣。"

前所未闻		【前所未闻】qián suǒ wèi wén 从来没有过。宋·周密《武林旧事》卷二："戈甲耀日旌旗蔽天，连亘二十余里，粲如锦绣，都人纵观，以为前所未有。"
曲突徙薪		【曲突徙薪】qǔ tū xǐ xīn 突：烟囱。徙：迁移，搬开。把烟囱改成曲形，把柴草从灶边搬开。意指预防火灾。后比喻事先采取措施，以防危险发生。
窃钩窃国		【窃钩窃国】qiè gōu qiè guó 窃：偷。钩：指古人腰带上的钩。是"窃钩者诛，窃国者侯"的省略语。偷窃带钩一类小物件的，要受法律制裁，窃取国家政权的却可以成为诸侯。旧时用以讽刺法律的虚伪和不合理。
沁人肺腑		【沁人肺腑】qìn rén fèng fǔ 沁：渗入。指凉爽、芳香、清幽等，给人一种清新舒适的感觉。也形容文艺作品清爽动人。

无拘无束		【无拘无束】wú jū wú shù 拘、束：拘束。没有任何约束，非常自由自在。《西游记》二回："这一夜悟空即运神炼法，会了筋斗云。逐日家无拘无束，自在逍遥，此亦长生之美。"
无庸讳言		【无庸讳言】wú yōng huì yán 庸：用；讳：隐讳。不用隐讳，可以直说。
乌焉成马		【乌焉成马】 wū yān chéng mǎ 乌、焉、马三字形体相近，往往写错。古谚："书经三写，乌焉成马。"后来就用"乌焉成马"形容传抄讹误。
萎靡不振		【萎靡不振】wěi mǐ bù zhèn 萎靡：颓唐的样子。振：振作。形容意志消沉，精神不振。

升堂入室		【升堂入室】shēng táng rù shì 本指登上前厅，进入室内。后比喻学问、技能等达到高深的程度。《论语·先进》："由也升堂矣，未入于室也。"
身不由己		【身不由己】shēn bù yóu jǐ 由：听从，顺从。身体不能由自己支配。形容失去自主。《三国演义》七四回："上命差遣，身不由己。"
驷不及舌		【驷不及舌】sì bù jí shé 驷：古代同驾一辆车的四匹马或四匹马共拉的车。已出口的话四匹马拉的车也追不回。指说话应慎重，否则难以收回。
深恶痛绝		【深恶痛绝】shēn wù tòng jué 深：很，十分。恶：厌恶。痛：痛恨。绝：极。形容厌恶、痛恨到极点。清·梁章钜《归田琐记·胡中藻》："如钱谦益之有才无行，为朝廷所深恶痛绝之人。"

眼高于顶		【眼高于顶】yǎn gāo yú dǐng 比喻手眼高，识力强。也比喻骄傲自大，目中无人。
献可替否		【献可替否】xiàn kě tì fǒu 献：提出。替：废弃，替换。提出可行的建议，替换不可行的做法。指臣下对君主劝善规过，进献良策。
象箸玉杯		【象箸玉杯】xiàng zhù yù bēi 象箸：象牙筷子；玉杯：玉石酒杯。《韩非子·喻老》记载，商纣王用象牙作筷子，箕子见了就惶惧起来，他认为用象牙筷子就不肯用泥碗而用犀玉之杯，用“象箸玉杯”就一定不肯吃蔬菜而要吃豹胎之类的珍异食品，吃这种食品就不肯穿粗布衣服住茅草房子而要里外都穿锦衣，住高楼大厦。后用来比喻奢侈生活的开始。
向壁虚造		【向壁虚造】xiàng bì xū zào 面向墙壁凭空造出来的。原表示对鲁恭王从孔子故居墙壁中发现的古文经书的怀疑。后用以比喻毫无事实根据的臆造。

手眼通天		【手眼通天】shǒu yǎn tōng tiān 通天：形容本领极大。比喻攀援钻营的手段高超。
手足无措		【手足无措】shǒu zú wú cuò 措：放。手和脚不知该放哪里。形容不知如何是好。《论语·子路》："刑罚不中，则民无所措手足。"
鼠牙雀角		【鼠牙雀角】shǔ yán què jiǎo《诗经·召南·行露》："谁谓雀无角，何以穿我屋？……谁谓鼠无牙，何以穿我墉？"（墉，墙。）意思是强暴欺凌，引起争讼。后因以"鼠牙雀角"用为急讼之辞。
蜀犬吠日		【蜀犬吠日】shǔ quǎn fèi rì 蜀：今四川地区。吠：狗叫。四川多雾蔽日，狗见太阳出来就叫起来。比喻少见多怪。《幼学琼林》卷一："蜀犬吠日，比人所见甚稀。"

危若朝露		【危若朝露】wēi ruò zhāo lù 危险得像早晨的露水一样，阳光一照，立即就会消失。形容濒临死亡，十分危险。《史记·商君列传》："君之危若朝露，尚将欲延年益寿乎？"
顽廉懦立		【顽廉懦立】wán lián nuò lì 顽：顽夫，贪婪的人。使贪婪的人变得廉洁，使懦弱的人能够自立。形容清廉志节之人对社会的感化力量巨大。《孟子·万章下》："故闻伯夷之风者，顽夫廉，懦夫有立志。"
唯我独尊		【唯我独尊】wéi wǒ dú zūn 尊：尊贵。只有自己最尊贵。形容极端狂妄自大，认为只有自己最了不起。《敦煌变文集·太子成道经》卷一："天上天下，唯我独尊。"
危在旦夕		【危在旦夕】wēi zài dàn xī 旦夕：早晚，指很短的时间，形容危险就在眼前。《三国志·吴书·太史慈传》："今管亥暴乱，北海被围，孤穷无援，危在旦夕。"

稍纵即逝		【稍纵即逝】shāo zòng jí shì 稍：稍微。纵：松开。逝：消失。形容发展变化很快，稍微放松一下或不注意就消失了。形容机会或时间很容易失去。
容头过身		【容头过身】róng tóu guò shēn 能容下头，就能使身子过去。比喻得过且过。《后汉书·西羌传》："虞诩曰：'公卿选懦，容头过身，强解设难，但计所费，不图其安。'"
闪烁其辞		【闪烁其辞】shǎn shuò qí cí 闪烁：光动摇不定的样子。形容说话遮遮掩掩，吞吞吐吐。
杀敌致果		【杀敌致果】shā dí zhì guǒ 致：使得到。果：果敢除敌。勇敢杀敌，建立战功。《左传·宣公二年》："杀敌为果，致果为毅。"

滔滔不绝		【滔滔不绝】tāo tāo bù jué 滔滔：水势盛大，滚滚而流的样子。像流水那样永不断绝。形容话一句接一句，说个不停。也形容人流、泪水等连续不断。
水木清华		【水木清华】shuǐ mù qīng huá 木：树木。清华：清丽秀美。形容池沼清澈，花木秀美。晋·谢混《游西池》："景昃鸣禽集，水木湛清华。"
损人利己		【损人利己】sǔn rén lì jǐ 损害别人的利益而使自己得到好处。汉·刘向《新序·杂事》："谚曰：厚者不损人以自益，仁者不危躯以要名。"
岁寒三友		【岁寒三友】suì hán sān yǒu 指松、竹、梅。松、竹经冬不凋，梅则耐寒开花，故称"岁寒三友"。宋·林景熙《霁山记》卷进四《五云梅舍记》："即其居累土为山，种梅百本，与乔松、修篁为岁寒友。"

吴下阿蒙		【吴下阿蒙】wú xià ā méng 吴下：今长江下游南岸一带。阿蒙：三国吴将吕蒙。指学识尚浅的人。《三国志·吴书·吕蒙传》裴松之注引《江表传》记载，吕蒙年轻时不爱读书，听了孙权的劝告，才努力学习。后鲁肃称赞他说："吾谓大弟但有武略耳，至于今者，学识英博，非复吴下阿蒙。"
习以为常		【习以为常】xí yǐ wéi cháng 长期习惯了，就以为是极平常的事。
五行八作		【五行八作】wǔ háng bā zuò 行：行业；作：作坊，制作业。泛指各种行业。
物伤其类		【物伤其类】wù shāng qí lèi 因同类的死亡或不幸而感到悲伤。《醒世恒言》卷一："钟离公听罢，正是狐死兔悲，物伤其类。"

求仁得仁		【求仁得仁】qiú rén dé rén 仁：仁德。寻求仁德就得到了仁德。后也表示求什么就得到什么，正如所愿。
秋扇见捐		【秋扇见捐】qiū shàn jiàn juān 见：被；捐：弃。秋天的扇子被搁起来。比喻妇女被丈夫遗弃。汉·班婕妤《怨歌行》："常恐秋节至，凉飙夺炎热，弃捐箧笥中，恩情中道绝。"
人困马乏		【人困马乏】rén kùn mǎ fá 人和马都疲乏了。形容行军或旅途劳顿，疲惫不堪。
切齿痛恨		【切齿痛恨】qiè chǐ tòng hèn 切齿：牙齿互相磨切。形容愤恨到极点。

守望相助		【守望相助】shǒu wàng xiāng zhù 守：防守。望：瞭望。指邻近各处守卫、瞭望，彼此照应，互相帮助。
始作俑者		【始作俑者】shǐ zuò yǒng zhě　始：起初。俑：古代用于殉葬的人。比喻坏事或恶劣风气的开创者。
四郊多垒		【四郊多垒】sì jiāo duō lěi　郊：邑外为郊，周制以离都城五十里为近郊，百里为远郊。后泛指城外、野外。垒：营垒。四郊筑有很多营垒。指敌军迫近，形势危急。
食前方丈		【食前方丈】sí qián fāng zhàng　方丈：一丈见方。吃饭时食物摆满一丈见方的地方。形容饮食奢侈。

威信扫地		【威信扫地】wēi xìn sǎo dì 声势气派丧失殆尽。
投鞭断流		【投鞭断流】tóu biān duàn liú 投：扔、丢。把马鞭全部丢进江里，能把流水截断。形容人马众多，兵力强大。
屦及剑及		【屦及剑及】jù jí jiàn jí 屦：麻鞋；及：赶上，追及。《左传·宣公十四年》记载，楚庄王派往齐国的使者申舟路过宋国时被宋人所杀，“楚子闻之，投袂而起，屦及于窒皇，剑及于寝门之外，车及于蒲胥之市”。意思是楚庄王闻讯之后，急于出兵给申舟报仇，立即奔跑出去，以致给他拿鞋的人追到蒲胥之市才追上他。后用来形容行动坚决迅速。
微不足道		【微不足道】wēi bù zú dào 足：值得。道：说。渺小得不值一谈。

金刚怒目		【金刚怒目】jīn gāng nù mù　金刚：印度古代密教徒所用的金刚杵及执杵的力士。怒目：凸起眼睛。形容面目威猛严厉。
势成骑虎		【势成骑虎】shì chéng qí hǔ　形势已成骑虎难下的局面。比喻处于进退两难的境地。
交浅言深		【交浅言深】jiāo qiǎn yán shēn　交浅：交情不深。言深：话说得深切。指对交情不深的人说出恳切的话语。
食日万钱		【食日万钱】shí rì wàn qián　形容饮食极端奢侈。《晋书·何曾传》："食日万钱，犹曰无下箸处。"

挑拨离间		【挑拨离间】tiǎo bō lí jiàn 挑拨：引动，挑逗；离间：拆散，隔开。挑起是非争端，使别人相互有意见，闹不团结。
听之任之		【听之任之】tīng zhī rèn zhī 听、任：听凭，任凭。听凭他，任随他。即不闻不问，任其自然。
天香国色		【天香国色】tiān xiāng guó sè 原形容牡丹花色香俱佳。也泛指艳丽的鲜花。后也用来形容女子容貌极美。
挖空心思		【挖空心思】wā kōng xīn sī 形容费尽心机，想尽办法。

清尘浊水		【清尘浊水】qīng chén zhuó shuǐ 清尘：喻人。浊水：喻己。比喻相互阻隔，相会无期。
浮光掠影		【浮光掠影】fú guāng lüè yǐng 浮光：指水面上的反光；掠：轻轻擦过，闪过。水面的反光，一闪而过的影子。比喻观察不细致，学习不深入，印象不深刻。靖·冯班《常熟二冯先生集·沧浪诗话纠谬》："沧浪论诗，止是浮光掠影，如有所见，其实脚跟未曾点地。"
窃窃私议		【窃窃私议】qiè qiè sī yì 窃窃：背着人小声说话的样子。形容私下议论。
强奸民意		【强奸民意】qiáng jiān mín yì 指反动统治者把自己的意志强加于民，还硬说是人民意愿。

摇唇鼓舌		【摇唇鼓舌】yáo chún gǔ shé　形容凭着口才搞挑拨、煽动或进行游说。
胁肩谄笑		【胁肩谄笑】xié jiān chǎn xiào　胁：敛缩。耸起双肩，装出笑脸。形容对人巴结逢迎的丑态。
无米之炊		【无米之炊】wú mǐ zhī chuī　比喻因缺乏必要的条件而无能为力的事情。
心不在焉		【心不在焉】xīn bù zài yān　焉：文言虚词，"这里"的意思。心思不在这里。形容用心不专，思想不集中。

日暮途穷		【日暮途穷】rì mù tú qióng　暮：日落时分。穷：尽。天快黑了，路也走到尽头了。比喻计穷力竭或接近灭亡。
穷极无聊		【穷极无聊】qióng jí wú liáo　穷极：极其贫困。无聊：生活穷困或精神空虚，无所依托。生活极其贫困，毫无着落。也指精神极端空虚，无所寄托。
人云亦云		【人云亦云】rén yún yì yún　云：说。亦：也。别人怎么说，自己也跟着怎么说。形容没有主见，随声附和。
人心向背		【人心向背】rén xīn xiàng bèi　向：朝向，拥护。背：背离，反对。指人民心意的归向或背离，拥护或反对。

无冬无夏		【无冬无夏】wú dōng wú xià 不管冬天、夏天。形容一年四季，从不间断。《诗经·陈风·宛丘》："无冬无夏，值其鹭羽。"
言传身教		【言传身教】yán chuán shēn jiào 一方面用言语传授讲解，一方面在行动上以身作则。指言语行动起到模范作用。
无关宏旨		【无关宏旨】wú guān hóng zhǐ 宏旨：大的宗旨。不涉及主要的宗旨、内容。指无关紧要或意义不大。
无足轻重		【无足轻重】wú zú qīng zhòng 不足以影响事情的轻或重。指无关紧要，不值得重视。

犬牙交错		【犬牙交错】quǎn yá jiāo cuò 错：交叉；交错。形容彼此错杂交叉。也形容相互牵制。也形容高低参差不齐。
轻而易举		【轻而易举】qīng ér yì jǔ 重量轻，很容易举起来。形容不费多大气力，很容易做到。
秋风过耳		【秋风过耳】qiū fēng guò ěr 比喻对某事漠不关心。
情有可原		【情有可原】qíng yǒu kě yuán 情：情理。原：原谅。从情理上讲，有可以原谅的地方。

无所用心		【无所用心】wú suǒ yòng xīn 什么都不思考，不关心。
温文尔雅		【温文尔雅】wēn wén ěr yǎ 温文：温和而有礼貌。尔雅：文雅。态度温和，举止文雅。
哄堂大笑		【哄堂大笑】hōng táng dà xiào 哄堂：本作“烘堂”。形容满屋子的人同时大笑。
文人相轻		【文人相轻】wén rén xiāng qīng 轻：轻视，看不起。文人之间彼此轻视，相互看不起。

沁人心脾		【沁人心脾】qìn rén xīn pí　沁：渗入。心脾：心脏和脾脏，比喻内心。指凉爽、芳香、清幽等，给人一种清新舒适的感觉。也形容文艺作品清爽动人。
强人所难		【强人所难】qiáng rén suǒ nán　强：勉强。勉强别人做不愿做或难以做到的事。
巧舌如簧		【巧舌如簧】qiǎo shé rú huáng　簧：乐器里发声的薄片。形容花言巧语，话语悦耳动听。
千端万绪		【千端万绪】qiān duān wàn xù　端：头。绪：丝的头，比喻事物的开端。形容事物纷繁，头绪很多。

宵衣旰食		【宵衣旰食】xiāo yī gàn shí 宵：夜。旰：时间晚。到很晚才吃饭，不到天亮就穿衣起床。旧时多用来称颂帝王勤于政事。现也形容心忧事烦。
习非成是		【习非成是】xí fēi chéng shì 错误的东西相沿成习，就会被当成正确的东西。汉·扬雄《法言·学行》："一哄之市，必立之平，一卷之书，必立之师。习乎习，以习非之胜是，况习是之胜非乎？"
息息相关		【息息相关】xī xī xiāng guān 息：呼吸时进出的气。一呼一吸相互关联。形容关系极为密切。清·蒋士铨《第二碑·书表》："昭明太子为我撰成墓表，仍求吴姐书丹，恰好上仙亦至，可见三人息息相关。"
先声后实		【先声后实】xiān shēng hòu shí 声：声势。实：实力。指先以声势威慑敌方，然后以实力攻击。《史记·淮阴侯列传》："兵固有先声而后实者。"

三旬九食		【三旬九食】sān xún jiǔ shí 旬：十天。三十天里只吃九顿饭。形容生活贫困，处境艰难。
三推六问		【三推六问】sān tuī liù wèn 指多次审讯。元·关汉卿《窦娥冤》四折："他将你孩儿拖到官中，受尽三推六问，吊拷绷扒。"
三十六行		【三十六行】sān shí liù háng 各种行业的总称。徐珂《清稗类钞·农商类》："三十六行者，种种职业也。就其分工而约计之，曰三十六行；倍之，则为七十二行；十之，则为三百六十行。皆就成数而言。"
三年之艾		【三年之艾】sān nián zhī ài 比喻做事应预先做好准备。《孟子·离娄上》："今之欲王者，犹七年之病求三年之艾也。苟为不畜，终身不得。"赵岐注："艾可以为灸人病，干久益善，故以为喻。"

泰山鸿毛		【泰山鸿毛】tài shān hóng máo 如泰山一般重，像鸿毛那样轻。比喻一重一轻，相差悬殊。汉·司马迁《报任安书》：“人固有一死，或重于泰山，或轻于鸿毛，用之所趋异也。”
唐突西施		【唐突西施】táng tū xī shī 唐突：冒犯。西施：西子，春秋时的美女。冒犯了美女西施。比喻为了突出丑的，反而贬低了美的。
啼笑皆非		【啼笑皆非】tí xiào jiē fēi 哭也不是，笑也不是。形容既令人难受又令人发笑的行为。
腾蛟起凤		【腾蛟起凤】téng jiāo qǐ fèng 像蛟龙腾空跃起，像凤凰振翅高飞。比喻才华横溢，意气风发。

束手就擒		【束手就擒】shù shǒu jiù qín 束手：捆起手来，表示不抵抗。就：接受。擒：捉拿。自缚其手，让人捉拿。形容不作抵抗甘当俘虏。《晋书·段灼传》：“艾被诏书，即遣强兵，束身就缚，不改顾望。”
顺藤摸瓜		【顺藤摸瓜】shùn téng mō guā 顺着瓜藤找瓜。比喻沿着一定线索追根究底。
硕大无朋		【硕大无朋】shuò dà wú péng 硕：大。朋：比。原指相貌健美，为人公平不偏。后用以形容非常大，无与伦比。《诗经·唐风·椒聊》：“彼其之子，硕大无朋。”郑玄笺：“硕，谓壮貌佼好也；大，谓德美广博也；无朋，平均不朋党。”
斯文扫地		【斯文扫地】sī wén sǎo dì 斯文：指文化或文人。扫地：指名誉、体面等丧失干净。指文化或文人不受尊重，或文人不顾名节，自甘堕落。

委肉虎蹊		【委肉虎蹊】wěi ròu hǔ xī 委：弃置；蹊：小路。把肉丢在老虎出没的路上。比喻处境危险，灾祸必将到来。《战国策·燕策三》："是以委肉当饿虎之蹊，祸必不振矣。"
退避三舍		【退避三舍】tuì bì sān shè 舍：古时行军以三十里为一舍。主动退让九十里。比喻退让，避免接触。
兔起鹘落		【兔起鹘落】tù qǐ hú luò 鹘：打猎用的猛禽。兔子刚蹿起来，鹘已猛扑下去。比喻绘画、写作下笔十分迅捷，善于抓住感受，捕捉题材准确。也比喻瞬间出现，极易变化或消逝的思想、情况或时机等。
脱缰之马		【脱缰之马】tuō jiāng zhī mǎ 缰：缰绳，拴马用。喻指没有拘束的人或失去控制的事物。

清风明月		【清风明月】qīng fēng míng yuè 清爽的风，皎洁的月。形容清幽明净的自然美景。也比喻清闲静雅的风致。
人杰地灵		【人杰地灵】rén jié dì líng 杰：才能杰出。灵：特别美好，灵秀。旧指山川秀丽之地有灵气，会产生俊杰。现多指杰出人物出生或到过的地方成为名胜之地。
囚首垢面		【囚首垢面】qiú shǒu gòu miàn 垢：肮脏的样子。形容像囚犯一样头发蓬乱，面目肮脏。也形容仪容不整，不事修饰。《汉书·王莽传上》："阳朔中，世父大将军（王）凤病，莽侍疾，亲尝药，乱首垢面，不解衣带连月。"
人浮于事		【人浮于事】rén fú yú shì 浮：超过。事：本作"食"，指俸禄。本指人的能力高于所得的俸禄。后指人员过多，超过工作的需要。即指人多事少。《礼记·坊记》："故君子与其使食浮于人也，宁使人浮于食。"

稳操左券		【稳操左券】wěn cāo zuǒ quàn 古代契约分为左右两联，双方各执一联，左券就是左联，常用为索偿的凭证。比喻有充分的把握。
刎颈之交		【刎颈之交】wěn jǐng zhī jiāo 刎颈：用刀剑割脖子。交：交情、友谊。指同生死共患难的交情或朋友。明·无名氏《闹铜台》五折："今在一处，结为刎颈之交，同心合意，生死相护。"
一呼百诺		【一呼百诺】yī hū bǎi nuò 诺：答应，应诺。呼唤一声，很多人应诺。形容富豪门第仆从众多。也形容随声应和。唐·拾得《诗五四首》之五一："人生浮世中，个个愿富贵。高堂车马多，一呼百诺至。"
蔚为大观 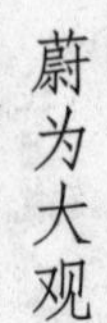		【蔚为大观】wèi wéi dà guān 蔚：荟萃、聚集。大观：盛大的景象。汇成盛大壮丽的景象。

山肴野蔌		【山肴野蔌】shān yáo yě sù 肴：鱼肉等荤菜；蔌：野菜。指野味及蔬菜。宋·欧阳修《欧阳文忠集·醉翁亭记》：“山肴野蔌，杂然而前陈者，太守宴也。”
善自为谋		【善自为谋】shàn zì wéi móu 善于为自己打算。语出《左传·桓公六年》：“君子曰：‘善自为谋。’”
三豕涉河		【三豕涉河】sān shǐ shè hé 《吕氏春秋·察传》：“子夏之晋，过卫，有读史记者曰：‘晋师三豕涉河。’子夏曰：‘非也，是己亥也，夫己与三相近，豕与亥相似。’至于晋而问之，则曰晋师己亥涉河也。”后用来比喻文字传写或刊印的讹误。
三缄其口		【三缄其口】sān jiān qí kǒu 缄：封，闭。其：代词。在嘴上贴上三道封条。后用以比喻说话谨慎，不轻易开口。也指默不作声。

靦颜人世		【靦颜人世】tiǎn yán rén shì 靦颜：脸上表现惭愧。形容丧失气节的人厚着脸皮活在世上。《晋书·郗鉴传》："岂可偷生屈节，靦颜天壤邪！"
探赜索隐		【探赜索隐】tàn zé suǒ yǐn 赜：深奥，玄妙；隐：秘密。指探索深奥的道理或深入搜索隐秘的事迹。《周易·系辞上》："探赜索隐，钩深致远。"
弹冠相庆		【弹冠相庆】tán guān xiāng qìng 弹冠：弹去帽子上的尘土。借指准备做官。原指志同道合的好朋友做了官，自己也为必将得到引荐而庆幸。后比喻即将做官，相互庆贺。也泛指相互庆贺。
听人穿鼻		【听人穿鼻】tīng rén chuān bí 听：任凭；穿鼻：牛鼻子穿桊。比喻毫无主张，任人摆布。《南史·张宏策传》："徐孝嗣才非柱石，听人穿鼻。"

设身处地		【设身处地】shè shēn chǔ dì 设想自己处在他人的境地或位置。指替他人着想。朱自清《古文学的欣赏》："自己有立场，却并不妨碍了解或认识古文学，因为一面可以设身处地为古人着想，一面还是可以回到自己立场上批判的。"
舍己救人		【舍己救人】shě jǐ jiù rén 指不惜牺牲自己的生命而去拯救别人。老舍《老张的哲学》："舍己救人也要凑好了机会，不然，你把肉割下来给别人吃，人们还许说你的肉中含有传染病的细菌。"
社鼠城狐		【社鼠城狐】shè shǔ chéng hú 社鼠：社，指土地神及其庙宇。城墙上打洞做窝的狐狸，土地庙里藏身的老鼠。比喻仗着别人的势力为非作歹的坏人。
深根固柢		【深根固柢】shēn gēn gù dǐ 柢：树根。使根基深固，不可动摇。《老子》第五十九章："有国之母，可以长久，是谓深根固柢，长生久视之道。"

先天不足		【先天不足】xiān tiān bù zú 先天：指在母体中就形成的。不足：不够强健。指生下来的体质就不够强健。也比喻事物据以形成的条件不充分、基础不牢固。
先意承旨		【先意承旨】xiān yì chéng zhǐ 先意：事先揣摩到别人的意愿。承：顺承。旨：意旨。善于体会别人（多指君、父）的心意，并能按照其心意办事。
无能为力		【无能为力】wú néng wéi lì 为力：使劲。用不上力量。指没有能力去做好某件事或解决某个问题。
瑕瑜不掩		【瑕瑜不掩】xiá yú bù yǎn 瑕:玉上的斑点，比喻缺点。瑜：玉的光泽，比喻优点。缺点和优点都自然存在，无法人为掩盖。

声色犬马		【声色犬马】shēng sè quǎn mǎ 声色：指歌舞和美色。犬马：指养狗和骑马。形容纵情享乐、荒淫无耻的生活。
师老兵疲		【师老兵疲】shī lǎo bīng pí 师：军队。老：衰老，疲惫。疲：劳累。指连续用兵时间太长，人马疲劳困乏，士气消沉。
舌剑唇枪		【舌剑唇枪】shé jiàn chún qiāng 嘴唇像枪，舌头像剑。形容论辩激烈，言辞锋利。
深谋远虑		【深谋远虑】shēn móu yuǎn lǜ 谋划周密，考虑长远。汉·贾谊《过秦论》："深谋远虑，行军用兵之道，非及曩时之士也。"

嬉笑怒骂		【嬉笑怒骂】xī xiào nù mà 指欢喜和愤怒等不同感情的表现，多指嘲笑、斥骂。常用来形容写作不拘题材形式，任意发挥。
瑕瑜互见		【瑕瑜互见】xiá yú hù xiàn 瑕：玉上的斑点，比喻缺点。瑜：玉的光泽，比喻优点。玉的斑点和玉的光彩互有所见。比喻有优点也有缺点。
无稽之谈		【无稽之谈】wú jī zhī tán 稽：考查。没有根据、无从考查的言谈。《尚书·大禹谟》："无稽之言勿听，弗询之谋勿庸。"
无济于事		【无济于事】wú jì yú shì 济：救助，补益。对事情没有补益或帮助。

人欢马叫		【人欢马叫】rén huān mǎ jiào 形容热闹欢腾的情景。
人地生疏		【人地生疏】rén dì shēng shū 初到一地，对当地人事和地理情况都不熟悉。《官场现形记》五六回："门生这一到省，人地生疏，未必登时就有差委。"
日日夜夜		【日日夜夜】rì rì yè yè 每天每夜。也指持续了一些时日。
人言啧啧		【人言啧啧】rén yán zé zé 指议论纷纷，人们议论多而杂。

闻风远扬		【闻风远扬】wén fēng yuǎn yáng 风：风声；远扬：指远逃。听到一点风声就逃到很远的地方。
无可奈何		【无可奈何】wú kě nài hé 奈何：如何，怎样。不得已，没有办法。《东周列国志》七一回：“及子到此，方知秦女为父所换，然无可奈何矣。”
无往不利		【无往不利】wú wǎng bù lì 所到之处，没有不顺利的。
无根无蒂		【无根无蒂】wú gēn wú dì 蒂：花或果实与枝茎相连的部分。比喻没有根源或依凭。也比喻没有依靠或牵挂。《汉书·叙传》：“徒乐枕经籍书，纡体衡门，上无所蒂，下无所根。”

惹是生非		【惹是生非】rě shì shēng fēi 惹：招引。招惹是非，引起事端。《喻世明言》卷三六："如今再说一个富家，安分守已，并不惹是生非。"
人人自危		【人人自危】rén rén zì wēi 自：自己。危：危难，危险。每个人都感到自己有危险而惊惧不安。形容环境、气氛充满恐怖。
人言可畏		【人言可畏】rén yán kě wèi 人言：指人们的议论，多指流言蜚语。畏：害怕。指人们散布的流言蜚语是很可怕的。《诗经·郑风·将仲子》："人之多言，亦可畏也。"
攘往熙来		【攘往熙来】rǎng wǎng xī lái 熙熙而来，攘攘而往。形容人来人往、非常热闹的景象。

呜呼哀哉		【呜呼哀哉】wū hū āi zāi 呜呼：感叹词。哉：语气词。唉!伤心啊！表示哀痛的感叹语，常用于祭文中。也借指死亡、终结。有时含有诙谐或讽刺意味。
无功受禄		【无功受禄】wú gōng shòu lù 禄：古代官吏的薪俸。没有功劳或没有付出劳动，而得到俸禄或报酬。《诗经·魏风·伐檀序》："在位贪鄙，无功而受禄，君子不得进仕尔。"
乌烟瘴气		【乌烟瘴气】wū yān zhàng qì 乌：乌黑。瘴气：山林中一种湿热致病的空气。形容秩序混乱、嘈杂，风气、道德恶浊败坏，或社会黑暗。
梧鼠技穷		【梧鼠技穷】wú shǔ jì qióng 梧鼠：也称"五技鼠"。据说它有五种技能，但都不专精：能飞不能上屋，能爬树不能爬到树顶，能游水不能越过沟渠，能打洞不能掩身，能走不能先人。比喻技能虽多而不专精。

轻歌曼舞		【轻歌曼舞】qīng gē màn wǔ 清新美妙的歌舞。唐·宋之问《有所思》："公子王孙芳树下，清歌妙舞落花前。"
人弃我取		【人弃我取】rén qì wǒ qǔ《史记·货殖列传》："白圭乐观时变，故人弃我取，人取我与。"原来是说，战国时的白圭，用"人弃我取、人取我与"的办法经商致富。后多用以表示兴趣或见解不同于他人。
趋之若鹜		【趋之若鹜】qū zhī ruò wù 趋：奔赴；趋向。鹜：野鸭。像野鸭一样奔跑过去。比喻追逐或趋附的急切性。多含贬义。
千载一时		【千载一时】qiān zǎi yī shí 载：年。一千年才有这么一个时机。形容机会少有。《文中子·关朗篇》："千载一时，不可失也。"

一模一样		【一模一样】yī mú yī yàng 一个模样。指完全相同。
一事无成		【一事无成】yī shì wú chéng 连一件事也没有做成，什么事情都做不成。形容事业上毫无成就。
一命呜呼		【一命呜呼】yī mìng wū hū 呜呼：古人表示哀叹的词。就是死了。常用于幽默、讽刺的口吻。
一触即溃		【一触即溃】yī chù jí kuì 溃：崩溃，垮台。一碰就垮台。形容很容易被打垮。

日削月朘		【日削月朘】rì xuē yuè juān 朘：缩，减少。一天比一天小，一月比一月少。形容人民受封建统治者的剥削，越来越贫困。语出《汉书·董仲舒传》。
人情世故		【人情世故】rén qíng shì gù 世故：处世经验。指为人处世的经验、道理等。宋·文天祥《送僧了敬序》："姑与之委曲于人情世故之内。"
人莫予毒		【人莫予毒】rén mò yú dú 莫：没有谁。予：我。毒：危害。没有谁能威胁或危害我，即谁也不能把我怎么样。
情随事迁		【情随事迁】qíng suí shì qiān 迁：转变，改变。情况变化了，思想感情也随着起了变化。

闻一知十		【闻一知十】wén yí zhī shí 听到一点就会推知很多。形容禀性聪明，善于类推。《论语·公冶长》：“回也闻一以知十，赐也闻一以知二。”
文如其人		【文如其人】wén rú qí rén 指文章的风格、思想倾向与其作者的思想性格一致。
未可厚非		【未可厚非】wèi kě hòu fēi 厚：重，非：责备。不可以过分责备、非难，指说话、做事还有一定的道理，不能全盘否定。《汉书·王莽传中》：“后颇觉悟，曰：‘英亦未可厚非。’”
一唱百和		【一唱百和】yī chàng bǎi hè 一个人首唱，一百个人附和。形容附和的人极多。

仁至义尽		【仁至义尽】rén zhì yì jìn 原指诚心报答有功于农事的神灵，就是尽了“仁义之道”。现表示对人的帮助尽了最大的努力。
群威群胆		【群威群胆】qún wēi qún dǎn 群众的威力，群众的勇气。
人多势众		【人多势众】rén duō shì zhòng 人多势力大。《红楼梦》一〇回：“话说金荣因人多势众，又兼贾瑞勒令赔了不是，给秦钟磕了头，宝玉方才不吵闹了。”
人仰马翻		【人仰马翻】rén yǎng mǎ fān 人、马都被打得仰翻在地。形容战场上伤亡惨重的情景。也比喻慌乱不堪、零落不堪的样子，或忙乱的不可收拾的情形。

畏首畏尾		【畏首畏尾】wèi shǒu wèi wěi 怕前怕后。形容胆小怕事，顾虑太多。
一辞莫赞		【一辞莫赞】yī cí mò zàn 不能提出一点意见。语出《史记·孔子世家》。后来多用以赞扬文章写得好。
畏缩不前		【畏缩不前】wèi suō bù qián 畏惧退缩，不敢前进。宋·魏泰《东轩笔录》："唐介始弹张尧佐，谏官皆上疏，及弹文彦博，则吴奎畏缩不前，当时谓拽动阵脚。"
味如鸡肋		【味如鸡肋】wèi rú jī lèi 鸡的肋骨，吃着没味，扔掉可惜。比喻意义不大，但又不忍舍弃。

惹火烧身		【惹火烧身】rě huǒ shāo shēn 惹：招引。比喻招惹灾祸，害了自己。《醉醒石》三回："庄上人见典史亲来捉获，不知一件什么天大的事，生怕惹火烧身，连忙把余琳并冯氏，都送将出来。"
日不暇给		【日不暇给】rì bù xiá jǐ 暇：空闲。给：足够。形容事务繁忙，时间不够用。《史记·封禅书》："虽受命而功不至，至梁父矣而德不洽，洽矣而日有不暇给，是以即事用希。"
人自为战		【人自为战】rén zì wéi zhàn 指人人主动拼死作战。也指人人能独立作战。《史记·淮阴侯列传》："其势非置之死地，使人人自为战。"
日长一线		【日长一线】rì cháng yī xiàn 指冬至后白昼渐长。宋·陈元靓《岁时广记·冬至》引《岁时记》："魏晋间，宫中以红线量日影，冬至后日添长一线。"

为虎添翼		【为虎添翼】wèi hǔ tiān yì 给老虎加上翅膀。比喻为恶人作帮凶，助长恶势力。
一挥而就		【一挥而就】yī huī ér jiù 挥：挥动。就：成功。一挥笔就完成。形容文思敏捷或笔法娴熟。
未定之天		【未定之天】wèi dìng zhī tiān 佛家认为天有三十三重，未定之天，指还没有肯定在天的哪一重。比喻事情还没有着落。也表示事情尚在未定阶段。
一蹶不振		【一蹶不振】yī jué bù zhèn 蹶：跌倒，引申为失败，挫折。振：振作，奋起。比喻遭到一次挫折就再也振作不起来。

求田问舍		【求田问舍】qiú tián wèn shě 营求田地，购置房产。一般形容人无远大志向。
曲意逢迎		【曲意逢迎】qǔ yì féng yíng 曲意：改变自己的意愿去曲从别人；逢迎：迎合。形容对别人迎合献媚的丑态。
确凿不移		【确凿不移】què záo bù yí 确凿：非常确实。真实有据，不可改变。
旗鼓相当		【旗鼓相当】qí gǔ xiāng dāng 旗、鼓：古代军队中用以发号施令的旗帜和战鼓。当：对着；向着。军旗和战鼓相对。比喻双方实力相等，不相上下。

一毛不拔		【一毛不拔】yī máo bù bá 一根毫毛也不肯拔下来。本指战国哲学家杨朱的极端为我主义。后形容极端自私、吝啬。
闻过则喜		【闻过则喜】wén guò zé xǐ 过：过错。听到别人指出自己的错误就感到高兴。指虚心接受批评。
一念之差		【一念之差】yī niàn zhī chā 差：差错。一个念头的差错。常指因此而引起的严重后果。
为人作嫁		【为人作嫁】wèi rén zuò jià 原叹贫家织女无钱置办嫁妆，只能为别人缝制嫁衣。后比喻为别人忙碌辛苦。

日上三竿		【日上三竿】rì shàng sān gān 太阳出来已有三根竹竿那么高了。指时候已经不早了。
忍俊不禁		【忍俊不禁】rěn jùn bù jīn 忍俊：含笑。禁：忍住。忍不住要发笑。
人微言轻		【人微言轻】rén wēi yán qīng 微：指职位低下。轻：指不被重视。地位低下，言论、主张不被人重视。
任其自流		【任其自流】rèn qí zì liú 任：放任。指对人、对事不加约束、引导，听任其自由发展。

一干二净		【一干二净】yī gān èr jìng 一、二：泛指所有的、全部。干干净净，很干净。形容一点也不剩。也可形容整洁干净。
我行我素		【我行我素】wǒ xíng wǒ sù 行：行事。素：平素，向来。指不受外界影响，按照自己平素的做法行事。
一狐之腋		【一狐之腋】yī hú zhī yè 腋：胳肢窝。指一只狐狸腋下的皮毛。比喻量少而珍贵的物品。
闻风而起		【闻风而起】wén fēng ér qǐ 风：风声，消息。一听到消息，就立刻起来响应。

穷山恶水		【穷山恶水】qióng shān è shuǐ 贫瘠的荒山，凶恶的河流。形容自然条件很差。
人手一册		【人手一册】rén shǒu yī cè 每人手里拿着一本书。
穷形尽相		【穷形尽相】qióng xíng jìn xiàng 穷、尽：穷尽。形、相：形象、相貌。形容描摹得极其生动逼真。也形容丑态或怪相毕现。
人微权轻		【人微权轻】rén wēi quán qīng 人的资历浅，身份卑微，无权无势，不足以使众人信服。

唯唯否否		【唯唯否否】wěi wěi fǒu fǒu 唯唯：谦卑的应声；否否：人家说否，他也说否。形容胆小怕事，阿谀顺从。《史记·赵世家》："徒闻唯唯，不闻周舍之谔谔。"
蜗行牛步		【蜗行牛步】wō xíng niú bù 蜗牛爬行，老牛慢走。比喻行动、进展极慢。
一成不变		【一成不变】yī chéng bù biàn 成：形成。原指刑法一经制定就不可改变。后泛指墨守成规或固定不变。
为虎作伥		【为虎作伥】wèi hǔ zuò chāng 比喻帮助恶人干坏事。

人琴俱亡		【人琴俱亡】rén qín jù wáng 俱：全，都。亡：丧失。人和琴音都没有了。常用作睹物思人、悼念死者之辞。
人心如面		【人心如面】rén xīn rú miàn 人的心思就像他们的面孔一样，各不相同。《左传·襄公三十一年》："人心之不同，如其面焉。吾岂敢谓子面如吾面乎？"
人山人海		【人山人海】rén shān rén hǎi 形容人群聚集得多如山，广如海。《西湖老人繁胜录》："四山四海，三千三百，衣山衣海，卦山卦海，南山南海，人山人海。"
罄竹难书		【罄竹难书】qìng zhú nán shū 罄：尽。书：书写，写。竹：此指可供制成竹筒的竹子。砍尽竹子做竹简写都写不完。常用以形容罪行或社会病态极多，写都写不完。

一抔黄土		【一抔黄土】yī póu huáng tǔ 抔：捧。一捧黄土。旧多借指坟墓。《史记·张释之冯唐列传》："假令愚民取长陵一抔土，陛下何以加其法乎？"
一盘散沙		【一盘散沙】yī pán sǎn shā 比喻分散的、不团结的状态。梁启超《十种德性相反相成义》："吾中国谓之为无群乎，彼固庞然四百兆人经数千年聚族而居者也。……然终不免一盘散沙之诮者，则以无合群之德故也。"
未能免俗		【未能免俗】wèi néng miǎn sú 俗：指俗习，惯例。没能摆脱开一般人的旧习俗。南朝·宋·刘义庆《世说新语·任诞》记载，当时的人在七月七日那天都要晒衣服，阮咸就用竹竿挂上一条布短裤晾在外面，有人感到奇怪，阮咸说："未能免俗，聊复尔耳。"
温情脉脉		【温情脉脉】wēi qíng mò mò 脉脉：含情欲吐而凝视的样子。形容温柔的感情，有所流露。宋·辛弃疾《摸鱼儿》："千金曾买相如赋，脉脉此情谁诉！"

黔驴技穷		【黔驴技穷】qián lǘ jì qióng 黔：今贵州一带。穷：尽。比喻有限的一点本领已经用光了。含贬义。
穷兵黩武		【穷兵黩武】qióng bīng dú wǔ 穷：竭尽。黩：随便，滥施。武：武装力量。使用全部兵力，肆意发动战争。形容好战。
穷年累月		【穷年累月】qióng nián lěi yuè 穷年：终年，一年到头。累月：连续几月。形容连续不断，时间很长。《荀子·荣辱》："然而穷年累世，不知不足，是人之情也。"
情见乎辞		【情见乎辞】qíng xiàn hū cí 见：同"现"，显露，显现。乎：介词，相当于"于"。思想感情从文辞中显现出来。

无何有之乡		【无何有之乡】wú hé yǒu zhī xiāng《庄子·逍遥游》："今子有大树，患其无用，何不树之于无何有之乡，广莫之野。"无何有，就是没有。原指什么东西都没有的地方，后指空虚、没有的境地。
五色无主		【五色无主】wǔ sè wú zhǔ 五色：指脸上的神采；无主：失了主宰。因为恐惧而神色不定。《淮南子·精神训》："禹在省方，济于江，黄龙负舟，舟中之人，五色无主。"
无翼而飞		【无翼而飞】wú yì ér fēi 比喻事物不待推行就迅速地自行传播。北齐·刘昼《刘子·荐贤》："玉无翼而飞，珠无胫而行。"
物腐虫生		【物腐虫生】wù fǔ chóng shēng 指东西先腐烂而后虫得以寄生。比喻祸患或坏事的产生，必有其自身的原因。

茕茕孑立		【茕茕孑立】qióng qióng jié lì 茕茕：孤独忧伤的样子；孑：孤单。一个人孤零零地活着。《文选·李密〈陈情表〉》："茕茕孑立，形影相吊。"
人老珠黄		【人老珠黄】rén lǎo zhū huáng 旧时比喻女子老了被轻视，就象珠子年代久了会变黄，不如新珠子值钱一样。
去粗取精		【去粗取精】qù cū qǔ jīng 除掉粗糙的东西，留取精华的部分。
穷鸟入怀		【穷鸟入怀】qióng niǎo rù huái 穷：处境很难，走投无路。怀：人的怀抱。无处栖身的鸟投入人的怀抱。比喻处境困窘而投靠别人。

五马分尸		【五马分尸】wǔ mǎ fēn shī 古代酷刑之一。把人头和四肢分别拴在五辆马车上，然后驱马将人撕裂，也叫“车裂”。也比喻将一个整体事物分成若干部分。
舞文弄墨		【舞文弄墨】wǔ wén nòng mò 原指歪曲法律条文。后指玩弄文字技巧，耍笔杆子。《三国演义》四三回：“岂亦效书生，区区于笔砚之间，数黑论黄，舞文弄墨而已乎？”
文从字顺		【文从字顺】wén cóng zì shùn 从、顺：妥帖，通顺。指行文通顺，用词妥帖。唐·韩愈《南阳樊绍述墓志铭》：“文从字顺各识职，有欲求之此其躅。”
污泥浊水		【污泥浊水】wū ní zhuó shuǐ 浊：浑浊。比喻一切落后、腐朽、反动的东西。

请君入瓮		【请君入瓮】qǐng jūn rù wèng 瓮：大坛子。比喻用其人整人的方法来整治其人。
轻诺寡信		【轻诺寡信】qīng nuò guǎ xìn 诺：许诺。寡：少。轻易答应别人，很少守信。《老子》六十三章："夫轻诺必寡信，多易必多难。"
趋炎附势		【趋炎附势】qū yán fù shì 炎：炙手可热，权势大。比喻奉承依附有权势的人。
乞浆得酒		【乞浆得酒】qǐ jiāng dé jiǔ 乞：求。浆：水。讨口水喝，却得到了酒喝。比喻得到的超过所求的。

无咎无誉		【无咎无誉】wú jiù wú yù 咎：过错。誉：美名。既没有坏处可说，也没有好处可称。形容工作平常。《后汉书·邓张徐张胡列传赞》："邓张作傅，无咎无誉。"
问道于盲		【问道于盲】wèn dào yú máng 盲：瞎子。向瞎子问路。比喻向一无所知的人求教，常用作谦辞。清·顾炎武《与友人论学书》："比往来南北，颇承友朋推一日之长，问道于盲。"
无可争辩		【无可争辩】wú kě zhēng biàn 没有什么可以争辩的。
无动于衷		【无动于衷】wú dòng yú zhōng 衷：内心。丝毫也没有触动内心。形容对应该动心的事情毫无感触，漠然置之。有时也形容意志坚定，立场坚定，不为威胁利诱所动。

敲骨吸髓		【敲骨吸髓】qiāo gǔ xī suǐ 髓：骨髓。敲碎骨头，吸取骨髓。原为禅宗用语，指为了求道而不惜残害自己的身体。后多比喻残酷地剥削榨取。
全无心肝		【全无心肝】quán wú xīn gān 指毫无羞耻之心，也指心地狠毒。《南史·陈后主纪》："后监者奏言：'叔宝云，既无秩位，每预朝集，愿得一官号。'隋文帝曰：'叔宝全无心肝。'"
人心惟危		【人心惟危】rén xīn wéi wēi 惟：语气助词，表肯定或强调。危：危险。指人心自私、险恶，难以揣测。《尚书·大禹谟》："人心惟危，道心惟微。"
秋毫无犯		【秋毫无犯】qiū háo wú fàn 秋毫：鸟兽秋天生长出的细毛。比喻微细的东西。形容军队纪律严明，不侵犯老百姓丝毫利益。

成语	印	释义
问罪之师		【问罪之师】wèn zuì zhī shī 问罪：宣布罪行，进行讨伐。讨伐犯罪者的军队。后也比喻前来严厉责问的人。
无所作为		【无所作为】wú suǒ zuò wéi 作为：做出成绩。指在工作中安于现状，缺乏创造性。
无出其右		【无出其右】wú chū qí yòu 右：古代以右为上。没有能超过他的。《史记·田叔列传》："上尽召见，与语，汉廷臣毋能出其右者。"
五花八门		【五花八门】wū huā bā mén 五花：五行阵。八门：八门阵。两种都是古代变化繁复的阵势。后比喻花样繁多或变化多端。

切肤之痛		【切肤之痛】qiè fū zhī tòng 切肤：切身，和自身密切相关。切身的痛苦。也比喻感受痛苦极为深切。
秋荼密网		【秋荼密网】qiū chá mì wǎng 秋荼：一种苦菜，到秋天成熟而大苦。网：渔网。像秋天繁茂的苦菜，如网眼细密的渔网。旧时用以比喻刑法苛细。
曲高和寡		【曲高和寡】qǔ gāo hè guǎ 高：高雅。寡：少。曲调越高雅，跟着唱的人就越少。原指知音难得。比喻言行卓越不凡，知音难得。也指品德高洁，不为一般人所理解。
破涕为笑		【破涕为笑】pò tì wéi xiào 破：除。涕：哭。停止哭泣，笑了起来。形容转悲为喜。

无庸赘述		【无庸赘述】wú yōng zhuì shù 赘：多余的，无用的。不用另外多的论述。
无关大局		【无关大局】wú guān dà jú 关：关涉。不关系或不影响全局。《儿女英雄传》三十九回："这正叫作事属偶然，无关大体。"
无影无踪		【无影无踪】wú yǐng wú zōng 踪：留下的痕迹。没有影子，也不见痕迹。形容完全消失或不知去向。可用于人、物、事、声音以及思想感情等。
无独有偶		【无独有偶】wú dú yǒu ǒu 独：单个。偶：两个，成双。不只这一个，还有另一个可以与之配对。

成语	印	释义
群龙无首		【群龙无首】qún lóng wú shǒu 首：头、首领。一群龙没有领头的。比喻一个集体没有领导。
日就月将		【日就月将】rì jiù yuè jiāng 就：成就。将：进步。日有所得，月有所获，不断进步。后也泛指长时间不断的积累。
人多嘴杂		【人多嘴杂】rén duō zuǐ zá 形容人多，七嘴八舌，说什么的都有。《红楼梦》五十七回："他们这里人多嘴杂，说好话的人少，说歹话的人多。"
犬牙相制		【犬牙相制】quǎn yá xiāng zhì 指地界接连，如犬牙交错，可以互相牵制。《史记·孝文帝纪》："高帝封王子弟，地犬牙相制。"

成语	印	释义
物换星移		【物换星移】wù huàn xīng yí 景物改变，星辰位置移动。形容时序变迁。
无边风月		【无边风月】wú biān fēng yuè 风月：清风明月。原指北宋哲学家周敦颐死后影响深广。现形容风景无限美好。
无恶不作		【无恶不作】wú è bù zuò 恶：坏事。没有什么坏事不做。形容做尽了坏事。
吴头楚尾		【吴头楚尾】wú tóu chǔ wěi 江西位于吴地上游，楚地下游，如首尾相衔接。后作为江西的代称。

成语	印	释义
钦差大臣		【钦差大臣】qīn chāi dà chén 古代由皇帝亲自派遣到外地办理重大事情的官员。现在用以讽刺上级派来的不了解情况而随意发号施令的人。
强词夺理		【强词夺理】qiǎng cí duó lǐ 强：勉强。夺：争。指无理强辩，明明没理硬说有理。
青蝇吊客		【青蝇吊客】qīng yíng diào kè 形容生前无知己，死后只有苍蝇来吊慰。《三国志·吴书·虞翻传》裴松之注引《虞翻别传》："自恨疏节，骨体不媚，犯上获罪，当长没海隅。生无可与语，死以青蝇为吊客。"
强聒不舍		【强聒不舍】qiǎng guō bù shě 聒：喧哗；嘈杂。舍：放弃。别人不愿听，仍是絮絮叨叨说个没完

无声无息		【无声无息】wú shēng wú xī 声：声音。息：气息。没有任何动静。形容沉寂，不为人知。也形容没有什么作为和影响。
温柔敦厚		【温柔敦厚】wēn róu dūn hòu 指心性温和柔顺，诚恳宽厚。
无耻之尤		【无耻之尤】wú chǐ zhī yóu 尤：突出。无耻之中最突出的。形容极端无耻。
无病呻吟		【无病呻吟】wú bìng shēn yín 呻吟：病痛时哼哼的声音。没有病却故意发出病痛的呻吟声。指没有什么忧虑而故意长吁短叹。也比喻文艺作品矫揉造作，缺乏真情实感。

成语	印	释义
前因后果		【前因后果】qián yīn hòu guǒ 佛教指先前种什么因，后来就结什么果。现也指事情的起因和结果。
曲尽其妙		【曲尽其妙】qǔ jìn qí miào 曲：委婉，细致。尽：全部表达出来。委婉地细致地把妙处都表达出来。形容表达的技巧很高明。晋·陆机《文赋序》："故作《文赋》以述先士之盛藻，因论作文之利害所由，他日殆可谓曲尽其妙。"
千万买邻		【千万买邻】qiān wàn mǎi lín 用很高的价买一个邻居。形容选择邻居的重要性和可贵性。
浅尝辄止		【浅尝辄止】qiǎn cháng zhé zhǐ 辄：就。稍微尝试一下就停止。比喻学习研究不求深入。

成语	印	释义
吴牛喘月		【吴牛喘月】wú niú chuǎn yuè 吴：古吴国。吴地炎热，水牛见到月亮以为是太阳，就不停地喘气。比喻因疑心而恐惧。也形容天气酷热。
五方杂处		【五方杂处】wǔ fāng zá chǔ 五方：东、南、西、北、中，泛指各地。处：居住。来自四面八方的人杂居在一起。
无偏无党		【无偏无党】wú piān wú dǎng 偏、党：偏倚。形容公正不偏袒。《尚书·洪范》："无偏无党，王道荡荡。"
乌合之众		【乌合之众】wū hé zhī zhòng 乌合：像乌鸦一样暂时集合。指像乌鸦一样随聚随散、无组织无纪律的人群。

黔驴之技		【黔驴之技】qián lǘ zhī jì 黔：今贵州一带。比喻有限的一点本领。含贬义。
强作解人		【强作解人】qiǎng zuò jiě rén 解人：理解事理或言语、文词旨趣的人。南朝宋·刘义庆《世说新语·文学》："谢安年少时，请阮光禄道《白马论》，为论以示谢，于时谢不即解阮语，重相咨尽。阮乃叹曰：'非但能言人不可得，正索解人亦不得。'"后来就把自己本来不明真相而妄加议论称作"强作解人"。
巧发奇中		【巧发奇中】qiǎo fā qí zhòng 发：射箭，比喻发言。中：打中靶子，比喻应验。原指方士巧妙地发言，神奇地应验。比喻善于伺机发言，而能切中事实，迎合人意。
穷当益坚		【穷当益坚】qióng dāng yì jiān 穷：指处境不好。当：应该。益：越发，更加。处境越是不好，意志节操越应当坚定。常用以自勉或鼓励他人。

成语	印	释义
无妄之灾		【无妄之灾】wú wàng zhī zāi 无妄：不能预期，意外。指意外的灾祸，也指平白无故受害。
无肠公子		【无肠公子】wú cháng gōng zǐ 蟹的别名。晋·葛洪《抱朴子·登涉》："称无肠公子者，蟹也。"
舞文弄法		【舞文弄法】wǔ wén nòng fǎ 任意利用法律条文来达到作弊的目的。《史记·货殖列传》："吏士舞文弄法，刻章伪书。"
五风十雨		【五风十雨】wǔ fēng shí yǔ 五天刮一次风，十天下一场雨。形容风调雨顺。

穷寇勿追		【穷寇勿追】qióng kòu wù zhuī 穷寇：处于绝境中的敌寇。毫无退路的敌人不要再追击了。意指迫敌于死地，必将遭其反扑，反而会造成自己不必要的损失。
轻重倒置		【轻重倒置】qīng zhòng dào zhì 置：放。把轻与重、主与次的关系弄颠倒了。
情景交融		【情景交融】qíng jǐng jiāo róng 内心的感情和外界的景物融合在一起。常指文艺作品中感情的抒发和景物的描写紧密结合。
强弩之末		【强弩之末】qiáng nǔ zhī mò 弩：古代一种用机械力量射箭的弓。末：尽头。强有力的弩弓发射出的箭，到了射程最后一段的时候。比喻强力变为了衰竭之势，起不了什么作用了。

文过饰非		【文过饰非】wén guò shì fēi 文饰：掩饰。掩饰过失、错误。
未卜先知		【未卜先知】wèi bǔ xiān zhī 卜：占卜，古人用以预测吉凶的方法。没有占卜就事先知道了，形容有预见性。
文不对题		【文不对题】wén bù duì tí 文章的内容与题目不相吻合。后也指谈话答非所问或发言与谈话的中心不相合。
仙山琼阁		【仙山琼阁】xiān shān qióng gé 仙山：神仙居住的山。琼阁：美玉建造的楼阁。指现实生活中不存在的事物。唐·白居易《白氏长庆集·长恨歌》："忽闻海山上有仙山，山在虚无缥缈间。"

食肉寝皮		【食肉寝皮】shí ròu qǐn pí 寝：睡，躺。吃他的肉，剥他的皮当垫褥。形容对之愤恨到了极点。也指吃野兽的肉，用兽皮作褥子。形容上古人类的原始生活。
食古不化		【食古不化】shí gǔ bù huà 指机械地学习古代的东西，不能真正理解和运用，像吃了东西不能消化一样。
实繁有徒		【实繁有徒】shí fán yǒu tú 实：确实。繁：多。徒：众。这样的人确实很多。《尚书·仲虺之诰》："简贤附势，实繁有徒。"
什袭而藏		【什袭而藏】shí xí ér cáng 什袭：即"十袭"，把物品一层层地包起来。《太平御览》引《阚子》说，宋国有个愚人得到一块燕石，以为是至宝，用"华匿十重，缇巾十袭"把它收藏起来。后来就用"什袭而藏"形容珍重地把物品收藏起来。

绳锯木断		【绳锯木断】shéng jù mù duàn 拉绳当锯子，也能把木头锯断。比喻力量虽小，只要坚持不懈，就能做出看来很难办到的事情。
声应气求		【声应气求】shēng yìng qì qiú 事物性质相同则相互感应。后比喻朋友意气相投。
食言而肥		【食言而肥】shí yán ér féi 食言：指说话不算数。肥：指身体肥胖。只图自己得利而不履行诺言。
声嘶力竭		【声嘶力竭】shēng sī lì jié 嘶：哑。竭：尽。声音嘶哑，力气用尽。形容竭力喊叫的情状。

声价十倍		【声价十倍】shēng jià shí bèi 声价：名声和地位。名誉和地位陡然提高很多倍。
拾人涕唾		【拾人涕唾】shí rén tì tuò 比喻抄袭、重复别人的言论或意见。宋·严羽《沧浪诗话·答吴景先书》：“是自家闭门凿破此片田地，即非傍人篱壁拾人涕唾得来者。”
十年读书		【十年读书】shí nián dú shū 指长期努力学习。南朝沈攸之晚年酷爱读书，手不释卷，曾经自叹道：“恨不十年读书。”
石破天惊		【石破天惊】shí pò tiān jīng 原形容箜篌之音高亢激越，有惊天动地的气势。后用来形容突然爆发的事件、声响令人震惊。也比喻诗文、议论新奇惊人。

成语	印	释义
十字街头		【十字街头】shí zì jiē tóu 指道路交叉，行人往来频繁的热闹街市。借指现实社会、现实生活。
尸居余气		【尸居余气】shī jū yú qì 像死尸一样躺着，仅剩一丝气息。指人即将死亡。也形容人暮气沉沉，没有什么作为。又比喻文学艺术作品思想贫乏无生气。
拾人牙慧		【拾人牙慧】shí rén yá huì 牙慧：原指言外的理趣，后用以指旧有的观点或说法等。比喻袭用别人的陈言，而没有自己的创见。
时不我与		【时不我与】shí bù wǒ yǔ 时间不等待我们。感叹错过时机将追悔莫及。《论语·阳货》："日月逝也，岁不我与。"

成语	印	释义
史不绝书		【史不绝书】shǐ bù jué shū 书：指记载。历史上不断有这类的记载。形容过去经常发生的事情。《左传·襄公二十九年》："鲁之于晋也，职贡不乏，玩好时至，公卿大夫，相继于朝，史不绝书。"
十羊九牧		【十羊九牧】shí yáng jiǔ mù 十只羊，九个人放牧。比喻民少官多，赋敛很重。《新唐书·刘子玄传》："或须直辞，或当隐恶，十羊九牧，其令难行。"
十室九空		【十室九空】shí shì jiǔ kōng 室：人家。十户人家就有九户空无所有。形容由于灾祸、战乱、暴政造成的贫困、流离或死亡的凄凉景象。
石沉大海		【石沉大海】shí chén dà hǎi 像石头掉到大海里一样。比喻不见踪影或杳无音信。

势不两立		【势不两立】shì bù liǎng lì 势：形势，情势。立：存在。敌对双方矛盾尖锐，其势不能并存。也比喻矛盾不可调和。
盛气凌人		【盛气凌人】shèng qì líng rén 盛气：骄横傲慢的气势。凌：侵犯，欺侮。以威严傲慢的气势压人。
食毛践土		【食毛践土】shí máo jiàn tǔ 毛：指地表生长的可食植物。践：履，踩。土：国土。所居住的土地、所吃的食物都是国君恩赐的。常用以表示对君主感恩戴德。
失之交臂		【失之交臂】shī zhī jiāo bì 交臂：胳膊碰胳膊，指擦肩而过。指当面错过好机会。《庄子·田子方》："吾终身与汝交一臂而失之。可不哀与！"

剩水残山		【剩水残山】shèng shuǐ cán shān 残破的山河。比喻亡国或经过变乱以后的土地、景物。唐·杜甫《陪郑广文游何将军山林》诗五：”剩水沧江破，残山碣石开。“
十行俱下		【十行俱下】shí háng jù xià 形容读书敏捷。《梁书·简文帝纪》："读书十行俱下。九流百氏，经目必记；篇章辞赋，操笔立成。"
师直为壮		【师直为壮】shī zhí wéi zhuàng 师：军队，引申为出兵。直：指理由正当。壮：雄壮，有力。指出兵理由正当，因而斗志旺盛，战斗力强。
声泪俱下		【声泪俱下】shēng lèi jù xià 俱：一起。边诉说边流泪。形容十分激愤悲恸的样子。

一暴十寒		【一暴十寒】yī pù shí hán 暴：也作“曝”，晒。原指晒一天，冻十天，植物便不能生长。后多比喻做事缺少恒心，时而用功，时而懈怠。
一成一旅		【一成一旅】yī chéng yī lǚ 成、旅：古代以方圆十里为一城，兵士五百人为一旅。比喻地狭兵少，势微力弱。也指以微弱之力克敌制胜。
一钱不值		【一钱不值】yī qián bù zhí 形容毫无价值。语出《史记·魏其武安侯列传》。
一面之词		【一面之词】yī miàn zhī cí 面：方面。有矛盾的两方中一方的话。指片面的话。

成语	印	释义
适得其反		【适得其反】shì dé qí fǎn 适：正，恰好。恰恰得到相反的结果。
收回成命		【收回成命】shōu huí chéng mìng 收回已经发出的命令或撤销已做出的决定。
首屈一指		【首屈一指】shǒu qū yī zhǐ 首：首先。屈：弯曲。一指：大拇指。原意为扳手指计数时，首先弯下大拇指。现比喻居首位，名列第一。
识途老马		【识途老马】shí tú lǎo mǎ 老马能辨识走过的道路。比喻熟悉情况、经验丰富的人能起引导作用。

一了百了		【一了百了】yī liǎo bǎi liǎo 了：结束，解决。关键的事情一解决，其余的全都跟着了结。
一日之长	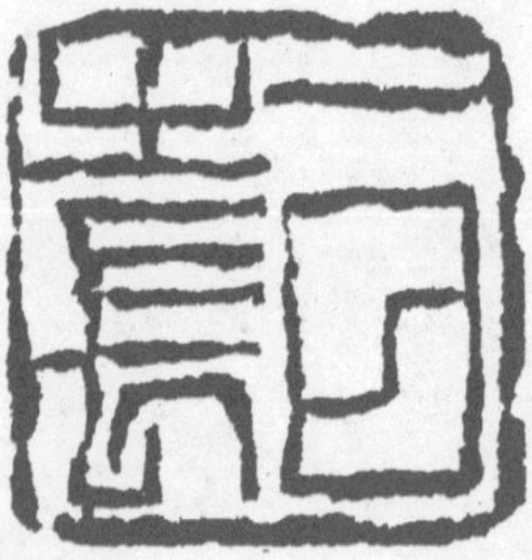	【一日之长】yī rì zhī zhǎng 长：年长。指年龄比别人稍长。《论语·先进》："以吾一日长乎尔，毋吾以也。"
一鳞半甲		【一鳞半甲】yī lín bàn jiǎ 原指龙在云中东露一鳞，西露半爪，使人难以见其全貌。后比喻事物的一小部分或零星片断。
一瞑不视		【一瞑不视】yī míng bù shì 瞑：闭眼。视：看。一闭眼就再也不睁开。指人死去。又指逃避现实。

成语	印	释义
声名狼藉		【声名狼藉】shēng míng láng jí 声名：名声，名誉。狼藉：传说狼群垫草而卧，起来时把草踏乱以消灭痕迹。引申指杂乱不堪。形容名誉极坏。
声罪致讨		【声罪致讨】shēng zuì zhì tǎo 声：宣布。致：表达。宣布对方的罪行并进行讨伐。
师出有名		【师出有名】shī chū yǒu míng 师：军队。名：名义，说法。出兵打仗有正当的理由。也泛指行事有正当的理由。
十风五雨		【十风五雨】shí fēng wǔ yǔ 十天刮一次风，五天下一次雨，形容风调雨顺。

一改故辙		【一改故辙】yī gǎi gù zhé 辙：车轮的痕迹。比喻彻底改变过去的老路而走新路。
一龙一蛇		【一龙一蛇】yī lóng yī shé 比喻人的行止如龙蛇一样或隐或现，随着情况不同而变化。
一面如旧		【一面如旧】yī miàn rú jiù 旧：旧交，老朋友。一见面就像老朋友一样。《晋书·张华传》："见华一面如旧，钦华德范，如师资之礼焉。"
一饭千金		【一饭千金】yī fàn qiān jīn 吃人一顿饭，用千金来报答。泛指受人点滴恩惠，给以厚厚的报答。

成语	印	释义
恃才傲物		【恃才傲物】shì cái ào wù 恃：倚仗。物：指自己以外的一切众人。自视才高，傲视他人。
盛极一时		【盛极一时】shèng jí yī shí 在某个时期内特别兴盛。
十拿九稳		【十拿九稳】shí ná jiǔ wěn 形容很有把握。明·阮大铖《燕子笺·购幸》：“务必中得十拿九稳方好！”
师出无名		【师出无名】shī chū wú míng 师：军队。名：名义，说法。出兵打仗而没有正当的理由。也泛指行事没有正当的理由。

围魏救赵		【围魏救赵】wéi wèi jiù zhào 指袭击来犯之敌的后方使其撤回的作战方法。
一筹莫展		【一筹莫展】yī chóu mò zhǎn 筹：计数用的筹码，引申为计策。展：展开，引申为施展。比喻一点计策也施展不出，一点办法也拿不出来。
一扫而空		【一扫而空】yī sǎo ér kōng 一下子被扫除得干干净净。形容全部清除、消灭或消失。
一孔之见	（大篆体）	【一孔之见】yī kǒng zhī jiàn 孔：小洞，窟窿。从一个小窟窿里所能看到的。比喻狭隘片面的见解。

首鼠两端		【首鼠两端】shǒu shǔ liǎng duān 首鼠：旧说老鼠出洞时探头探脑地向左右两端张望。一说即“踌躇”，音近义同。比喻做事迟疑不决，瞻前顾后。
噬脐莫及		【噬脐莫及】shì qí mò jí 噬：咬。脐：指肚脐。嘴咬肚脐，怎么够得着呢？比喻后悔不及。
数九天气		【数九天气】shǔ jiǔ tiān qì 我国民间习惯，从冬至起，每九天为一“九”，到“九九”为止，共八十一天，是一年中最寒冷的时期，称为“数九天气”。
殊途同归		【殊途同归】shū tú tóng guī 殊：不同。途：路。通过不同的道路走到同一个目的地。比喻采取不同的方法，得到相同的结果。

望秋先零		【望秋先零】wàng qiū xiān líng 零：凋落。将近秋天时就残败凋落了。比喻未老先衰。
万缕千丝		【万缕千丝】wàn lǚ qiān sī 缕：线。形容长而纤细的东西繁多。又形容相互之间种种密切而复杂的联系。
万马齐喑		【万马齐喑】wàn mǎ qí yīn 喑：缄默、不做声。众马都沉寂无声。比喻众人都不敢说话的沉闷局面。
万死一生		【万死一生】wàn sǐ yī shēng 随时都有死的可能，生的希望相当小。形容极其危险。

豕突狼奔		【豕突狼奔】shǐ tū láng bēn 豕：猪；突：冲撞。像狼那样奔跑，像猪那样乱闯。比喻坏人到处乱闯，任意破坏。
食玉炊桂		【食玉炊桂】shí yù chuī guì 炊：烧火做饭。食品贵如玉器，燃料贵如桂木。形容物价昂贵，生活艰难。
尸位素餐		【尸位素餐】shī wèi sù cān 尸：主管，执掌；尸位，占着职位却不做事。素：空；素餐：不劳而食，白吃。指空占着职位，不做事而吃白饭。也用于自谦未尽职责。
食不甘味		【食不甘味】shí bù gān wèi 甘：美好。吃饭也吃不出个美味来。形容心中有事，吃东西而不知道滋味。《战国策·楚策一》："楚王曰：'寡人卧不安席，食不甘味。'"

枉尺直寻		【枉尺直寻】wǎng chǐ zhí xún 寻：古代长度单位，八尺为一寻。亦说七尺为一寻。弯曲只一尺，伸直则为八尺。比喻小处做些让步，受些小的损失或委屈，以求在大的方面取得进展，获得较大的利益。
望风披靡		【望风披靡】wàng fēng pī mǐ 披靡：草木随风倒伏的样子。形容军无斗志，一遇强敌便溃败。
通权达变		【通权达变】tōng quán dá biàn 权：变通；达：通晓，懂得。为了适应客观情况需要，打破惯例，灵活办事。《韩非子·八说》："此通权之言也。"
投鼠忌器		【投鼠忌器】tóu shǔ jì qì 投鼠：掷东西打老鼠。忌：顾虑。器：器具。想投出东西打老鼠，但又顾虑砸坏了老鼠旁边的器具。比喻做事有顾忌，不敢放开手脚干。

成语	印	释义
手不停挥		【手不停挥】shǒu bù tíng huī 挥：指用笔写字。形容一个劲儿地写。
手无寸铁		【手无寸铁】shǒu wú cùn tiě 寸：形容短、小。铁：指武器。手里没有任何武器。形容赤手空拳。
守正不挠		【守正不挠】shǒu zhèng bù náo 正：正中；挠：弯曲。坚守正道，不偏邪。形容无所偏私。《汉书·刘向传》："君子独处守正，不桡众枉。"
事与愿违		【事与愿违】shì yǔ yuàn wéi 事物的客观发展与自己的主观愿望相违背。表示事情不能称心如意。

万象森罗		【万象森罗】wàn xiàng sēn luó 森：繁密，众多。罗：罗列。指宇宙间纷然罗列的各种事物和现象。
铜壶滴漏		【铜壶滴漏】tóng hú dī lòu 铜壶：指漏壶，古代用以计时的一种仪器，一般用铜制成。铜壶里的水一滴一滴地往下滴。形容时间的流逝。
投机取巧		【投机取巧】tóu jī qǔ qiǎo 利用时机，玩弄手段，以牟取私利。也指做事不扎实，耍小聪明走捷径。
吞云吐雾		【吞云吐雾】tūn yún tǔ wù 指道家不食五谷，修炼养气；或神物吐纳云霞雾气。后用来讥讽吸鸦片或抽烟的情状。

势合形离		【势合形离】shì hé xíng lí 结构保持完整而形体各自独立。三国魏·何晏《景福殿赋》："桁梧复迭，势合形离。"
三令五申		【三令五申】sān lìng wǔ shēn 三、五：概数，泛指多。申：陈述，说明。再三指令，多次告诫。
守口如瓶		【守口如瓶】shǒu kǒu rú píng 闭口不说，像瓶口塞紧了一样。形容说话谨慎或严守秘密。
手到擒来		【手到擒来】shǒu dào qín lái 一伸手就将敌人捉住。比喻做事很有把握或毫不费力就能成功。

推燥居湿		【推燥居湿】tuī zào jū shī 让出干燥的地方让幼儿睡，自己却睡在幼儿溺湿的地方。形容养育儿女的辛劳。
脱口而出		【脱口而出】tuō kǒu ér chū 不假思索，随口说出。王国维《人间词话》卷上："大家之作，其言情也必沁人心脾，其写景也必豁人耳目，其辞脱口而出，无矫揉妆束之态，以其所见者真，所知者深也。"
铜筋铁骨		【铜筋铁骨】tóng jīn tiě gǔ 铜一样的筋，铁一样的骨头。形容身体健壮。
万劫不复		【万劫不复】wàn jié bù fù 劫：佛家说世界一成一毁叫一劫，万劫：指时间极长。永远不能恢复。宋·释道原《景德传灯录·卷十九·韶州云门山文偃禅师》："莫将等闲空过时光，一失人身，万劫不复，不是小事。"

成语	印	释义
手不释卷		【手不释卷】shǒu bù shì juàn 释：放下。卷：书卷。手里的书舍不得放下。形容读书用功，勤奋好学。
事必躬亲		【事必躬亲】shì bì gōng qīn 躬亲：亲自。凡事一定亲自去做。《礼记·月令》："王命布农事……善相丘陵、阪险、原隰土地所宜，五谷所殖，以教道民，必躬亲之。"
鼠窃狗盗		【鼠窃狗盗】shǔ qiè gǒu dào 指小偷小盗。《史记·刘敬叔孙通列传》："此特群盗鼠窃狗盗耳，何足置之齿牙间！"
拭目以待		【拭目以待】shì mù yǐ dài 拭：擦。擦亮眼睛等待着。形容殷切期望或等待某件事情的实现。

天花乱坠		【天花乱坠】tiān huā luàn zhuì 坠：落下来。天上的花纷纷降落下来。后用以比喻说话、写文章浮夸动听、虚妄迷人。也指想象和感觉非常美妙。
为期不远		【为期不远】wéi qī bù yuǎn 期限已经很近了。
惘然若失		【惘然若失】wǎng rán ruò shī 惘然：惆怅失意的样子。心中惘怅不乐，像丢失了什么东西似的。
涂脂抹粉		【涂脂抹粉】tú zhī mǒ fěn 涂上胭脂搽上粉。指妇女修饰打扮。也比喻对事物加以粉饰、美化。含贬义。

嗜杀成性		【嗜杀成性】shì shā chéng xìng 嗜：爱好。喜欢杀戮成了习性。形容人极为凶残。
首尾相应		【首尾相应】shǒu wěi xiāng yìng 应：呼应，接应。头和尾互相接应。指作战时军队各部分互相照应支援。也形容诗文结构严谨，前后互相呼应。
事过境迁		【事过境迁】shì guò jìng qiān 境：境况，情况。迁：迁移，改变。事情已经过去，情况也已经改变了。
适逢其会		【适逢其会】shì féng qí huì 适：正，恰好。会：时机，机会。恰好碰上那种场合或遇上某种机会。

网开三面		【网开三面】wǎng kāi sān miàn 把捕捉禽兽的网打开三面。原比喻宽大仁厚。后多比喻宽大处置罪人或敌人。
为德不卒		【为德不卒】wéi dé bù zú 指不把好事做到底。《史记·淮阴侯列传》："公，小人也，为德不卒。"
望衡对宇		【望衡对宇】wàng héng duì yǔ 衡：用横木作门，引申为门；宇：屋檐下，引申为屋。形容住处很接近，可以互相望见。北魏·郦道元《水经注·沔水》："司马德操宅洲之阳，望衡对宇，欢情自接。"
亡国之音		【亡国之音】wáng guó zhī yīn 原指象征亡国的悲哀音乐。后也指淫邪、颓靡的音乐。

成语	印	释义
熟视无睹		【熟视无睹】shú shì wú dǔ 熟视：原为仔细看，后指常看见。睹：看见。经常看到，却像没有看见一样。形容对常见的事物漠不关心。
数典忘祖		【数典忘祖】shǔ diǎn wàng zǔ 数：数说；列举叙述。典：典籍，也指古代的礼制、历史。查数着典籍，却忘了自己祖先的行事。后比喻忘本或对本国历史文化的无知。
守经达权		【守经达权】shǒu jīng dá quán 经：常道。权：权宜，变通。守正道而知权变。形容人坚持原则，不会灵活应付。
十载寒窗		【十载寒窗】shí zǎi hán chuāng 指长期埋头苦读。《歧路灯》七十九回："咱心里又舍不的闹掉了他这个官，想人家也是十年寒窗苦读，九载熬油，咱再不肯一笔下去闹坏。"

亡命之徒		【亡命之徒】wáng mìng zhī tú 命：姓名。原指潜逃在外、改名换姓的人。后指不顾性命，冒险作恶的坏人。
为善最乐		【为善最乐】wéi shàn zuì lè 做好事最快乐。《后汉书·东平宪王苍传》："日者问东平王，处家何等最乐？王言为善最乐。"
投机倒把		【投机倒把】tóu jī dǎo bǎ 投机：利用时机钻空子。倒把：转手买卖。投机取巧，运用各种不正当的甚至非法的手段从事经营，获取暴利。
韦编三绝		【韦编三绝】wéi biān sān jué 韦：熟牛皮。古时用竹简写书，用熟牛皮绳把竹简编联起来，称"韦编"。三：指多次。绝：断。本指孔子晚年反复研读《周易》，以致编联竹简的皮绳多次断绝。后用以形容勤奋刻苦地读书治学。

四分五裂		【四分五裂】sì fēn wǔ liè 形容分散，不完整，不集中，不团结，不统一。语出《战国策·魏策一》。
视丹如绿		【视丹如绿】shì dān rú lǜ 丹：红。把红的看成和绿的一样。形容因过分忧愁而目光昏花。
嗜痂有癖		【嗜痂有癖】shì jiā yǒu pǐ 嗜：爱好；痂：疮口或伤口表面的硬壳；癖：习惯性的爱好。原指爱吃疮痂的品性。后形容人爱好特殊的事物已成一种癖好。语出《南史·刘穆之传》。
盛筵难再		【盛筵难再】shèng yán nán zài 筵：宴会。再：回复。盛大的宴会很难再一次遇到。比喻美好的光景不可多得。

同归殊途		【同归殊途】tóng guī shū tú 归：结局；归宿。殊：不同。途：道路。同样的目的地，可由不同的道路到达。比喻结果相同，方法各异。
童山濯濯		【童山濯濯】tóng shān zhuó zhuó 童：山上没有长草木。濯濯：光秃秃的样子。草木不生的山光秃秃的。
图穷匕见		【图穷匕见】tú qióng bǐ xiàn 穷：尽。见：同“现”。展开地图，最后露出匕首。比喻事情发展到最后露出真相或本意。
土牛木马		【土牛木马】tǔ niú mù mǎ 泥土制的牛，木头做的马。比喻有其名无其实，不实用。也比喻像土牛木马一样木然不知情理。

堂堂之阵		【堂堂之阵】táng táng zhī zhèn 堂堂：盛大的样子；原来形容强大整齐的样子。语出《孙子·军争》“正要正正之旗，勿击堂堂之陈（阵）”。后来转有光明正大的意思。
事在人为		【事在人为】shì zài rén wéi 为：做。事情的成功全在于人的主观努力。《东周列国志》六十九回：“事在人为耳，彼朽骨者何知。”
似是而非		【似是而非】sì shì ér fēi 是：正确。原指表面上像是某事物，实际上却不是。后多用以指好像是对的，其实是错的。
颂古非今		【颂古非今】sòng gǔ fēi jīn 颂扬古代，非难或否定当代。

成语	印	释义
徒劳无功		【徒劳无功】tú láo wú gōng 花费了力气却没有功效。《管子·形势》："与不可，强不能，告不知，谓之劳而无功。"
微乎其微		【微乎其微】wēi hū qí wēi 乎：语气词。微小又微小。形容数量非常少或体积非常小。
天悬地隔		【天悬地隔】tiān xuán dì gé 隔：阻隔。两者有如天地悬隔，比喻相距甚远。
投其所好		【投其所好】tóu qí suǒ hào 投：迎合。好：爱好。迎合他人的喜好。

四平八稳		【四平八稳】sì píng bā wěn 形容十分平实稳重或稳定可靠。也指做事只求不出差错，不求进取、创新。
率由旧章		【率由旧章】shuài yóu jiù zhāng 率由：遵从，沿袭。旧章：旧的法度。原指沿袭前代的典章制度，不事更新。后泛指一切按照老规矩办事，没有更新。
上下其手		【上下其手】shàng xià qí shǒu 据《左传·襄公二十六年》记载，楚国进攻郑国，穿封戌俘虏了郑将皇颉，王子围要争功，请伯州犁裁处。伯州犁有意偏袒王子围，叫皇颉作证，并向皇颉暗示，“上其手曰：‘夫子为王子围，寡君之贵介弟也。’下其手曰：‘此子为穿封戌，方城外之县尹也。谁获子？’囚曰：‘颉遇王子，弱焉。’”后用来比喻通同作弊。
舍己从人		【舍己从人】shě jǐ cóng rén 放弃个人的意见，服从众人的公论。《尚书·大禹谟》：“稽于众，舍己从人。”

铜琶铁板		【铜琶铁板】tóng pá tiě bǎn 铜琵琶、铁绰板，为豪放歌曲伴奏的乐器。比喻文词激越豪放。
投袂而起		【投袂而起】tóu mèi ér qǐ 投袂：拂动衣袖。甩动衣袖，站立起来。形容决心奋发的情态。《左传·宣公十四年》："楚子闻之，投袂而起。"
投闲置散		【投闲置散】tóu xián zhì sǎn 投、置：放。放在闲散的位置，指提任不重要的工作或不提任工作。唐·韩愈《昌黎先生集·进学解》："投闲置散，乃分之宜。"
瓦釜雷鸣		【瓦釜雷鸣】wǎ fǔ léi míng 瓦釜：陶制的炊具，比喻庸才。瓦锅发出如雷一般的巨响。比喻庸才占据高位，声势显赫。

成语	印	释义
束手无策		【束手无策】shù shǒu wú cè 束：捆住。策：计策，办法。原意为捆住了双手，无法应付。形容遇到问题，没有解决办法，像手被捆住了似的。
生死存亡		【生死存亡】shēng sǐ cún wáng 生存或者死亡。也比喻事关重大或情势极其危急。
四亭八当		【四亭八当】sì tíng bā dàng 亭、当：即“停当”，合适，妥贴。形容一切都安排妥贴。宋·朱熹《朱文公集·答吕伯恭书》：“不知如何整顿得此身心四亭八当，无许多凹凸也。”
说一不二		【说一不二】shuō yī bù èr 说怎样就一定怎样。形容说话算数，说到做到。

危如累卵		【危如累卵】wēi rú lěi luǎn 累：堆积。危险得像堆起来的蛋一样随时都会倒下来打碎。比喻处境危险之至。
铁网珊瑚		【铁网珊瑚】tiě wǎng shān hú 比喻搜罗珍奇。唐·李商隐《碧城》诗："玉轮顾兔初生魄，铁网珊瑚未有枝。"
铜头铁额		【铜头铁额】tóng tóu tiě é 形容人勇猛强悍。《太平广记》卷七十六引《逸史》记载，有个术士对安禄山说："公有阴兵五百人，皆铜头铁额，常在左右。"
为所欲为		【为所欲为】wéi suǒ yù wéi 所欲为：所想要做的。本指做自己想做的事。后指不管别人，自己想干什么就干什么。

水晶灯笼		【水晶灯笼】shuǐ jīng dēng long 比喻对事物了解得非常清楚。《宋史·刘随传》："随临事明锐敢行，在蜀人号为水晶灯笼。"
手挥目送		【手挥目送】shǒu huī mù sòng 本指手眼并用，得心应手。后比喻写作洒脱自如。
受宠若惊		【受宠若惊】shòu chǒng ruò jīng 宠：宠爱。惊：震动。因受到意外的宠爱而感到惊喜和不安。
四大皆空		【四大皆空】sì dà jiē kōng 四大：印度古代哲学认为地、水、火、风是构成一切物质的元素，佛教称之为"四大"。佛教用语，指宇宙间的一切，包括人身在内，都是虚幻的。一般用来表示尘念俱消，无所牵挂。

停辛伫苦		【停辛伫苦】tíng xīn zhù kǔ 停：停留；伫：久立，储存。辛苦缠身，长期不去。形容备受辛苦。
外圆内方		【外圆内方】wài yuán nèi fāng 圆：无棱角为圆，指圆通。方：有棱角为方，指严正。外表随和，内心严正。
枉己正人		【枉己正人】wǎng jǐ zhèng rén 枉：弯曲，不正。自己的行为不正，却想去纠正别人。
剜肉补疮		【剜肉补疮】wān ròu bǔ chuāng 剜：用刀挖。用挖出自己的肉填人疮口的方法治疮。比喻用有害的方法救一时之急，不考虑后果。

搜索枯肠		【搜索枯肠】sōu suǒ kū cháng 枯肠：比喻文思枯竭。竭力思索诗文语句。形容创作时构思的艰苦。
说长道短		【说长道短】shuō cháng dào duǎn 指随意议论好坏是非。汉·崔瑗《座右铭》：“无道人之短，无说己之长。”
水中捞月		【水中捞月】shuǐ zhōng lāo yuè 比喻徒劳无功，白费力气。元·杨暹《刘行首》三折：“恰便似沙里淘金，石中取火，水中捞月。”
私相授受		【私相授受】sī xiāng shòu shòu 授：给与；受：接受，收下。私下里一个给予，一个收下。指不合法的互相授受。

唯命是从		【唯命是从】wéi mìng shì cóng 从：顺从，听从。一切听从命令，绝对服从。
天各一方		【天各一方】tiān gè yī fāng 各在天的一方。形容相距极其遥远。《文选·苏武〈古诗四首·四〉》："良友远离别，各在天一方。"
土生土长		【土生土长】tǔ shēng tǔ zhǎng 土：本地的或本国的。在本地或本国生长的。
童牛角马		【童牛角马】tóng niú jiǎo mǎ 童牛：没有角的牛。角马：长角的马。比喻事物失了真相，不伦不类。也比喻违反常理，不可能存在的事物。汉·扬雄《太玄经·更》："童牛角马，不今不古。"

死里逃生		【死里逃生】sǐ lǐ táo shēng 指从极危险的绝境中逃出而保全了生命。《京本通俗小说·冯玉梅团圆》："今日死里逃生，夫妻再合，乃阴德积善之报也。"
驷马难追		【驷马难追】sì mǎ nán zhuī 一句话说出口，就是套上四匹马拉的车也难追上。形容话已说出，就无法追回或说话算数。语出《新五代史·晋书·高祖皇后李氏传》。
死去活来		【死去活来】sǐ qù huó lái 昏迷过去又苏醒过来。形容极度的哀伤、痛苦或惊恐。
硕果仅存		【硕果仅存】shuò guǒ jǐn cún 硕：大。唯一留存的大果子。比喻经过种种变迁而存留下来的极少的成果。

惟妙惟肖		【惟妙惟肖】wéi miào wéi xiào 惟：语气助词。妙：巧妙。肖：极像。形容描写或模仿得非常逼真、传神。
推己及人		【推己及人】tuī jǐ jí rén 以自己推想到别人。指设身处地为别人着想。晋·傅玄《傅子·仁论》："然未仁者，益推己以及人也。"
天造地设		【天造地设】tiān zào dì shè 由苍天大地造化安排。形容事物自然形成，不必加工就十分完美。
天灾人祸		【天灾人祸】tiān zāi rén huò 天：自然的。自然灾害和人为的祸患。泛指各种灾祸。也指造成各种灾祸的人。多用作骂人的话。

顺手牵羊		【顺手牵羊】shùn shǒu qiān yáng 顺手把人家的羊牵走。比喻乘便行事，毫不费力。后常比喻乘机行窃。
死心塌地		【死心塌地】sǐ xīn tā dì 形容疑虑清除，心里踏实。也形容主意已定，决不改变。
顺水推舟		【顺水推舟】shùn shuǐ tuī zhōu 顺着水势推船。比喻顺应情势说话办事。
束手待毙		【束手待毙】shù shǒu dài bì 束：捆住。待：等着。毙：倒下，死。原意为捆起手来等死，比喻危难时不积极想办法，却等着死或等待失败。

唾手可得		【唾手可得】tuò shǒu kě dé 稍一动手就能得到。形容很容易就能得到。
拖泥带水		【拖泥带水】tuō ní dài shuǐ 比喻做事不干脆利索或说话、写文章不简洁。《碧岩集》卷一：“道个佛字，拖泥带水；道个禅字，满面惭惶。”宋·严羽《沧浪诗话·诗法》：“语贵洒脱，不可拖泥带水。”
土洋结合		【土洋结合】tǔ yáng jié hé 简单的设备或技术同现代化的设备或技术结合起来。
推三阻四		【推三阻四】tuī sān zǔ sì 推：推托、推诿。阻：阻挠。以各种借口推托、拒绝。

数往知来		【数往知来】shǔ wǎng zhī lái 历数往事，可以推知未来。《周易·说卦》："数往者顺，知来者逆。"
肆无忌惮		【肆无忌惮】sì wú jì dàn 肆：放肆。忌惮：顾忌和惧怕。指任意妄为，毫无畏忌。
四战之地		【四战之地】sì zhàn zhī dì 四方战争必争之地。
率兽食人		【率兽食人】shuài shòu shí rén 率：带领。率领野兽来吃人。比喻统治者施行暴政，虐害人民。

投桃报李		【投桃报李】tóu táo bào lǐ 比喻给对方的回报。《镜花缘》三十九回："王兄如将韵学赐教，小弟定赠美号，以为'投桃之报'。"
妄自尊大		【妄自尊大】wàng zì zūn dà 妄：狂妄。狂妄地自高自大。《后汉书·马援传》："子阳井底蛙耳，而妄自尊大。"
尾大不掉		【尾大不掉】wěi dà bù diào 掉：摆动。尾巴太大不易摆动。比喻下属势力过于强大，难以驾驭调遣。也比喻事物轻重失宜，难以处理。
为法自弊		【为法自弊】wéi fǎ zì bì 自己立法自己受害。比喻自作自受。

俗不可耐		【俗不可耐】sú bù kě nài 俗：庸俗。耐：忍受。庸俗得让人受不了。形容非常庸俗。
水乳交融		【水乳交融】shuǐ rǔ jiāo róng 交融：互相融合。水和乳汁融和在一起。比喻关系十分融洽或结合得非常紧密。
死皮赖脸		【死皮赖脸】sǐ pí lài liǎn 形容厚着脸皮，一味纠缠。《红楼梦》二十四回："死皮赖脸的三日两头儿来缠舅舅，要三升米二升豆子的。"
丝恩发怨		【丝恩发怨】sī ēn fà yuàn 细丝那样的恩情，头发那样的仇怨。形容极小的恩怨。《资治通鉴·唐纪·文宗太和九年》："是时李训、郑注连逐三相，威震天下，于是平生丝恩发怨，无不报者。"

停滞不前		【停滞不前】tíng zhì bù qián 滞：停止，逗留。停止下来，不继续前进。
推襟送抱		【推襟送抱】tuī jīn sòng bào 襟、抱：指心意。比喻推诚相见。《南史·张充传》："与俭（王俭）书曰：'……所可通梦交魂，推襟送抱者，唯丈人而已。'"
通功易事		【通功易事】tōng gōng yì shì 分工合作。指各从一业，以其所有易其所无。《孟子·滕文公下》："子不通功易事，以羡补不足，则农有余粟，女有余布。"
挑肥拣瘦		【挑肥拣瘦】tiāo féi jiǎn shòu 挑、拣：选择。比喻从个人利益出发，对工作或某些事物反复挑选。

束缊请火		【束缊请火】shù yùn qǐng huǒ 缊：乱麻；请火：乞火，讨火。搓乱麻为引火绳，向邻家讨火。《汉书·蒯通传》："即束缊请火于亡肉家。"比喻为别人排除困难或求助于人。
视若无睹		【视若无睹】shì ruò wú dǔ 睹：看见。看见了却像没看见一样。形容对眼前的人、事物不关心或轻视。
矢口狡赖		【矢口狡赖】shǐ kǒu jiǎo lài 顽固地进行抵赖。
手忙脚乱		【手忙脚乱】shǒu máng jiǎo luàn 形容做事慌张，动作忙乱，没有条理。《朱子全书·学六》："今亦何所迫切而手忙脚乱一至于此耶。"

纨裤子弟		【纨裤子弟】wán kù zǐ dì 纨裤：古代剥削阶级子弟所穿的细绢做的裤子。指那些只知享受，什么事也不能干的富贵人家子弟。《宋史·鲁宗道传》："馆阁育天下英才，岂纨裤子弟得以恩泽处耶？"
屠门大嚼		【屠门大嚼】tú mén dà jiáo 屠门：卖肉的铺子。面对卖肉的店铺，想象肉味的鲜美就使劲咀嚼。形容羡慕又得不到，凭空想象聊以自慰。
同流合污		【同流合污】tóng liú hé wū 流：流俗。污：污浊、肮脏。指思想言行与恶劣的风气、污浊的世道混同一气。
天荒地老		【天荒地老】tiān huāng dì lǎo 形容历时极其久远。《二刻拍案惊奇》卷六："盖谓世间惟有愿得成双的，承受你天荒地老，此情到底不泯也。"

死有余辜		【死有余辜】sǐ yǒu yú gū 辜：罪行，罪恶。即使处以死刑也抵消不了他的罪恶。形容罪恶极大，难以饶恕。
数见不鲜		【数见不鲜】shuò jiàn bù xiān 数：屡次；鲜：新杀的鸟兽，引申为新鲜。经常来的客人就不宰杀禽畜招待。后指常常见到，并不新奇。语出《史记·郦生陆贾列传》。
双瞳剪水		【双瞳剪水】shuāng tóng jiǎn shuǐ 瞳：瞳孔。形容两眼像秋水一样明亮清澈。
束之高阁		【束之高阁】shù zhī gāo gé 阁：小楼，古人用以藏书之处。把东西捆起来放在高高的架子上。比喻弃置不用。

头会箕赋		【头会箕赋】tóu kuài jī fù 按照人数征税，用畚箕装取所征的谷物。指赋税苛刻繁重。
万夫莫当		【万夫莫当】wàn fū mò dāng 当：敌，抵挡。过去形容某些个人非常勇敢，一万个人也抵挡不住。
挑雪填井		【挑雪填井】tiāo xuě tián jǐng 比喻白费力气，劳而无功。唐·顾况《行路难三首》："君不见提雪塞井空用力，炊沙作饭岂堪吃！"
天上麒麟		【天上麒麟】tiān shàng qí lín 麒麟：传说中的动物，古人认为是仁兽、瑞兽，象征吉祥。多比喻才能杰出的人。

数米而炊		【数米而炊】shǔ mǐ ér chuī 炊：烧火做饭。数了米才做饭。比喻致力于琐碎细小的事，不足以成大事。后也形容人吝啬小气或生活贫苦。
似曾相识		【似曾相识】sì céng xiāng shí 好像曾经见过。指对眼前的人或物很眼熟。似乎见过，但印象不够真切。
私心杂念		【私心杂念】sī xīn zá niàn 指为个人或小集团私利打算的各种想法。
爽然若失		【爽然若失】shuǎng rán ruò shī 爽然：拿不定主意的样子。失：指失去依靠、依据。形容没有主见，拿不定主意的神情。语出《史记·屈原贾生列传》。

同病相怜		【同病相怜】tóng bìng xiāng lián 怜：怜惜，同情。比喻有同样不幸的遭遇而互相同情。
兔起凫举		【兔起凫举】tù qǐ fú jǔ 像兔子奔跑，像野鸭飞起。形容行动快速。
天作之合		【天作之合】tiān zuò zhī hé 合：配、匹配。天意撮合成的配偶。常用来祝福婚姻美满。也指自然形成的亲密关系。
通都大邑		【通都大邑】tōng dū dà yì 大都会，大城市。宋·苏辙《民政策下·第三道》："今天下所谓通都大邑，十里之城，万户之郭。"清·黄宗羲《万里寻兄记》："商之所在，必通都大邑。"

死灰复燃		【死灰复燃】sǐ huī fù rán 燃烧后留下的灰烬又燃着了。原比喻失势的人重新得势。现比喻已经消亡或停息的东西又重新活动起来。含贬义。
率尔操觚		【率尔操觚】shuài ěr cāo gū 率尔：轻率、随便的样子。觚：古人书写用的木简。操觚：指写文章。原形容文思敏捷，一挥而就。后形容未经认真思考，草率写作。
铄石流金		【铄石流金】shuò shí liú jīn 流、砾：销熔，熔化。使金子、石头熔化。形容天气酷热。
双管齐下		【双管齐下】shuāng guǎn qí xià 管：笔。本指同时用两管笔作画。后比喻两方面同时进行或同时采用两种办法。

唾面自干		【唾面自干】tuò miàn zì gān 唾：吐唾沫。别人往脸上吐唾沫也不擦，让它自己干。形容能够忍受极度的侮辱，没有丝毫不满的情绪。
万古不变		【万古不变】wàn gǔ bù biàn 万古：万世。永远不变。梁启超《惟心》："天地间之物一而万，万而一者也……万古不变，无地不同。"
投畀豺虎		【投畀豺虎】tóu bì chái hǔ 投：扔；畀：给；豺：体形像狼而凶猛的野兽。《诗经·小雅·巷伯》："取彼谮人，投畀豺虎。"意思是把那些说别人坏话的人拉出来，扔给豺虎去吃。表示群众对坏人的愤恨。
推涛作浪		【推涛作浪】tuī tāo zuò làng 作：兴起。推动波涛向前，兴起浪头。比喻助长坏人坏事，煽动情绪，制造事端。

贪多务得		【贪多务得】tān duō wù dé 务：致力，务求。尽量求多，努力去获取。原指学习、钻研时务求尽量多的获得知识。后泛指贪心不足。
贪得无厌		【贪得无厌】tān dé wú yàn 厌：满足。贪得之心永无满足。
述而不作		【述而不作】shù ér bù zuò 述：陈述。作：创作。指只阐述前人成说，自己并不加以创新。
死不瞑目		【死不瞑目】sǐ bù míng mù 瞑目：闭上眼睛。因心里还有牵挂，死了也不合上眼。多用以形容不达目的，死不甘心。

头童齿豁		【头童齿豁】tóu tóng chǐ huò 童：秃。豁：缺损。头上秃顶，口中齿落。形容衰老的样子。也用以指代老者。
土龙刍狗		【土龙刍狗】tǔ lóng chú gǒu 刍：草。用泥捏的龙，用草扎的狗。比喻名实不相副。
蜕化变质		【蜕化变质】tuì huà biàn zhì 蜕化：虫类脱皮。比喻变质、变坏。也比喻腐化堕落，起了质的变化。
兔丝燕麦		【兔丝燕麦】tù sī yàn mài 兔丝子（植物名）虽有丝的名称但不能织布，燕麦虽有麦的名称但不能吃。比喻有名无实。

煞费苦心		【煞费苦心】shà fèi kǔ xīn 煞：很。形容费尽了心思。郭沫若《摩登唐吉珂德的一种手法》：“文章虽然冗长，做得也煞费苦心。”
三头六臂		【三头六臂】sān tóu liù bì 原指佛的法相有三个头，六条臂。后比喻神通广大，本领非凡。
煞有介事		【煞有介事】shà yǒu jiè shì 煞：很。介事：这回事。好像真有这么一回事。形容装模作样或好像有什么了不起。
三衅三浴		【三衅三浴】sān xìn sān yù 三：再三，多次。《国语·齐语》：“比至，三衅三浴之。”韦昭注：“以香涂身曰衅，亦或为薰。”表示尊敬。

兔死狗烹		【兔死狗烹】tù sǐ gǒu pēng 烹：煮。兔子捕杀后，猎狗就被煮着吃掉。比喻事情办成或办完后，就把曾有贡献的人杀掉或踢开。
铜驼荆棘		【铜驼荆棘】tóng shé jīng jí 铜驼：古时置于宫殿门前的铜铸的骆驼。荆棘：丛生的带刺的灌木。铜驼被弃置于荆棘之中。形容国土沦丧后残败荒凉的景象。
恬不为怪		【恬不为怪】tián bù wéi guài 恬：安然。安然处之，不以为怪。形容对不良或反常的现象熟视无睹，全不在意。
同室操戈		【同室操戈】tóng shì cāo gē 同室：同处一室。操：拿起。戈：古代的一种兵器。自家人动武内讧。比喻兄弟争吵或内部争斗。

善价而沽		【善价而沽】shàn jià ér gū 善价：高价。沽：卖，出售。等着有了好价钱再卖出去。原比喻士人怀才等待时机出来做官。后比喻等待有了好的待遇或条件才肯出来做事。
扫眉才子		【扫眉才子】sǎo méi cái zǐ 扫眉：指女子画眉。旧指富有文才的女子。
扫除天下		【扫除天下】sǎo chú tiān xià 把天下打扫清除干净。指肃清邪恶势力，使国家清明太平。
丧家之狗		【丧家之狗】sàng jiā zhī gǒu 指无家可归的狗。比喻失去依靠，惊慌失措，四处投奔的人。

铁中铮铮		【铁中铮铮】tiě zhōng zhēng zhēng 铮铮：金属器皿相碰的声音。金属中敲起来当当响的材料。比喻出色人物。《后汉书·刘盆子传》："卿所谓铁中铮铮，庸中佼佼者也。"
随遇而安		【随遇而安】suí yù ér ān 随：顺从。遇：遭遇。安：安然自得。不管处在什么样的环境里都能适应而安定下来，并感到满足。
唐哉皇哉		【唐哉皇哉】táng zāi huáng zāi 唐：这里指唐尧；皇：这里指皇汉。《后汉书·班固传·典引》："汪汪乎丕天之大律，其畴能亘之哉？唐哉皇哉！皇哉唐哉！"意思是谁能终成大法，只有唐尧和汉朝，汉朝和唐尧。后就用来形容规模宏伟，气势盛大。也用于贬义，形容表面上庄严体面的样子。
缩手缩脚		【缩手缩脚】suō shǒu suō jiǎo 因寒冷而四肢蜷缩。也形容做事顾虑多，不敢放手去做。

杀妻求将		【杀妻求将】shā qī qiú jiàng 比喻人为追求名利而不惜采取凶狠残忍的手段。《史记·孙子吴起列传》："齐人攻鲁，鲁欲将吴起。吴起取齐女为妻，而鲁疑之。吴起于是欲就名，遂杀其妻，以明不与齐也。鲁卒以为将。"
山鸡舞镜		【山鸡舞镜】shān jī wǔ jìng 山鸡对着镜子起舞。比喻顾影自怜，自我欣赏。
山南海北		【山南海北】shān nán hǎi běi 泛指遥远的地方。也用于指不明方向或四面八方。
山清水秀		【山清水秀】shān qīng shuǐ xiù 秀：秀丽。形容山水明净秀丽，风景优美。

天昏地暗		【天昏地暗】tiān hūn dì àn 指天色昏黑。唐·韩愈《龙移》："天昏地黑蛟龙移，雷惊电激雌雄随。"
同条共贯		【同条共贯】tóng tiáo gòng guàn 条：枝条；贯：钱串。长在一根枝条上，穿在同一钱串上。比喻事理相通。
恫瘝在抱		【恫瘝在抱】tōng guān zài bào 恫瘝：疾苦。抱：怀中。把人民的疾苦放在心上。
恬不知耻		【恬不知耻】tián bù zhī chǐ 恬：安然。对卑劣或不光彩的行为安然处之，不觉耻辱。

阮囊羞涩		【阮囊羞涩】ruǎn náng xiū sè 囊：口袋。羞涩：害羞，难为情。形容手头无钱，经济上困难。
如汤沃雪		【如汤沃雪】rú tāng wò xuě 汤：热水。沃：浇。像把热水浇在雪上，雪立即消融一样。比喻极易解决。《南史·王莹传》："丈人一旨，如汤浇雪耳。"
杀身成仁		【杀身成仁】shā shēn chéng rén 成：成全。仁：仁爱。儒家最高的道德理想。原指牺牲生命以成全仁德。现指为了正义的事业或崇高的理想献出生命。
山摇地动		【山摇地动】shān yáo dì dòng 山和地都在摇动。形容声势浩大。

唯利是图		【唯利是图】wéi lì shì tú 唯……是……：古汉语宾语前置的一种固定格式。唯，只有，也作“惟”。是，助词，位于宾语和动词谓语之间。一心求利，不顾其他。
听其自然		【听其自然】tīng qí zì rán 听凭它自由发展，不加干涉。
同恶相求		【同恶相求】tóng è xiāng qiú 求：求助。形容坏人互相勾结。《左传·昭公十三年》：“同恶相求，如市贾焉，何难？”又作“同恶相助”。
天诛地灭		【天诛地灭】tiān zhū dì miè 诛：杀。灭：灭绝。形容罪孽深重，为天地所不容。

入幕之宾		【入幕之宾】rù mù zhī bīn 幕：帐幕。宾：客人。藏在帐幕后面的宾客。原指参与机要的人。也泛指亲近的人或幕僚。后泛指幕僚。
三复斯言		【三复斯言】sān fù sī yán 三复：多次重复。斯：这。反复地诵读、体会这些话。
三贞九烈		【三贞九烈】sān zhēn jiǔ liè 三、九：概数，多，起强调作用。贞：贞节，封建礼教所提倡的女子不失身、不改嫁的道德。烈：刚烈，指不惜以死成全名节的品质。指封建社会所鼓吹宣扬的妇女的贞节观。旧时常用来赞誉遵守封建礼教的女子。
山高水长	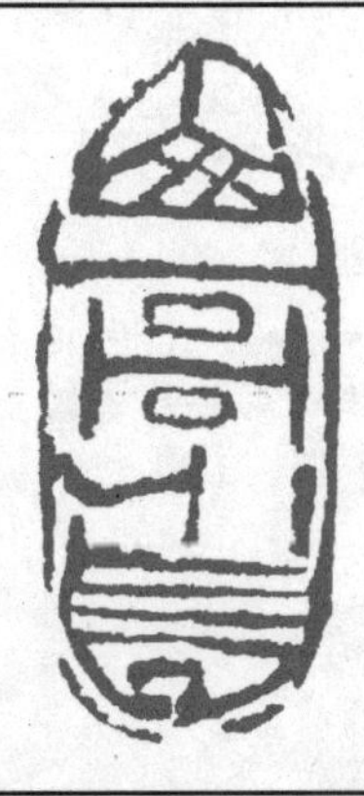	【山高水长】shān gāo shuǐ cháng 像山一样高耸，像水一样长流。宋·范仲淹《范文正公集·严先生祠堂记》："云山苍苍，江水泱泱。先生之风，山高水长。"原来比喻人的崇高风度或名誉像山和水一样永久流传。现在有时比喻恩德、情谊的深厚。

成语	印	释义
条分缕析		【条分缕析】tiáo fēn lǚ xī 缕：一条一条地。析：分析。有条有理而又细致深入地分析。
添砖加瓦		【添砖加瓦】tiān zhuān jiā wǎ 增添一块砖、一片瓦。比喻尽微薄之力，作一点贡献。
甜言蜜语		【甜言蜜语】tián yán mì yǔ 甜蜜动听的言语。《醒世恒言》卷三十六："卞福坐在旁边，甜言蜜语，劝了一回。"
添枝加叶		【添枝加叶】tiān zhī jiā yè 比喻叙述事情或转述谈话时故意夸张渲染，加上一些原本没有的内容。

身心交病		【身心交病】shēn xīn jiāo bìng 交：一齐，同时。病：损害。身体和心情都很坏。
若有所失		【若有所失】ruò yǒu suǒ shī 若：好像。失：丢掉。原意为好像丢失了什么东西似的，形容心神不定、失神的样子。
森罗万象		【森罗万象】sēn luó wàn xiàng 森：繁密，众多。罗：罗列。指宇宙间纷然罗列的各种事物和现象。
丧尽天良		【丧尽天良】sàng jìn tiān liáng 天良：良心。一点良心也没有。形容狠毒凶残到了极点。

通风报信		【通风报信】tōng fēng bào xìn 风：风声，消息。指暗中告知他人消息。
调嘴学舌		【调嘴学舌】tiáo zuǐ xué shé 调嘴：耍嘴皮。学舌：把人家说的话再说一遍。形容背地里说人闲话，搬弄是非。
天壤之别		【天壤之别】tiān rǎng zhī bié 天壤：天上和地下。形容极大的差别。
天下无敌		【天下无敌】tiān xià wú dí 形容战无不胜，哪里都没有能抵挡的。语出《孟子·离娄上》。

上窜下跳		【上窜下跳】shàng cuàn xià tiào 多方串连。形容上上下下到处煽动，干坏事。
如法炮制		【如法炮制】rú fǎ páo zhì 如：依照、仿照。法：已有的办法。炮制：用烘、炒等方法把中草药原料制成药剂。原意为依照成法制作中药，现比喻依照现成的方法办事。
三占从二		【三占从二】sān zhān cóng èr 占：卜卦。让三个人一齐算卦，听从其中两个一致的意见。比喻听从多数人的意见。《尚书·洪范》："三人占，从二人之言。"
善气迎人		【善气迎人】shàn qì yíng rén 善气：和善的气色。和颜悦色地对待他人。

妄自菲薄		【妄自菲薄】wàng zì fēi bó 妄：不实在，过分的。菲薄：轻视。过分地瞧不起自己，以致失去了信心。
顺理成章		【顺理成章】shùn lǐ chéng zhāng 理：条理。章：章法。指写作顺着条理、自成章法。也指说话、做事符合情理。
讨价还价		【讨价还价】tǎo jià huán jià 买卖双方协商、争议价格。也比喻进行谈判时或接受任务时提出种种条件，计较利害得失。
随波逐流		【随波逐流】suí bō zhú liú 逐：追逐。随着波浪起伏，跟着流水漂荡。比喻四处奔波不定或没有主见，随大流。

成语	印	释义
深仇大恨		【深仇大恨】shēn chóu dà hèn 形容仇恨十分深重。
若即若离		【若即若离】ruò jí ruò lí 若：好像。即：靠近，接近。原意为好像接近，又好像离开。形容对人态度或双方关系不明朗，难以捉摸。
煽风点火		【煽风点火】shān fēng diǎn huǒ 比喻唆使、煽动别人干坏事。
杀人越货		【杀人越货】shā rén yuè huò 越：抢夺。货：财物。杀害人命，抢劫财物。指盗匪的行径。

亡羊补牢		【亡羊补牢】wáng yáng bǔ láo 亡：丢失。牢：关牲口的圈。羊丢了，赶紧修补羊圈。比喻出了差错，及时补救。也指出了差错才设法补救，为时已晚而被动。
望门投止		【望门投止】wàng mén tóu zhǐ 门：门户，指人家。投止：投靠他人暂容身。见有人家便去投宿。形容逃难或困窘中暂求栖身的急迫情形。
一面之交		【一面之交】yī miàn zhī jiāo 交：交情。只见过一面的交情。指交情不深，了解不够。
傥来之物		【傥来之物】tǎng lái zhī wù 傥来：意外的得来，偶然而至。意外、偶然得到的东西。

三瓦两舍		【三瓦两舍】sān wǎ liǎng shè 宋元时大城市里妓院及各种娱乐场所集中的地方。
三纸无驴		【三纸无驴】sān zhǐ wú lǘ 比喻文辞烦琐，废话连篇，不得要领。
扫地以尽		【扫地以尽】sǎo dì yǐ jìn 以：也作“已”“而”。像扫过地一样都没有了。比喻破坏无余或丧失干净。多用于文物典章制度或精神风气方面。
三言两语		【三言两语】sān yán liǎng yǔ 两三句话。指言语简短。

他山攻错		【他山攻错】tā shān gōng cuò 他山：别的山；攻错：琢磨。借助别的山上的石头来打磨玉器。比喻借助外力来改正自己的缺点、错误。
滔天大罪		【滔天大罪】tāo tiān dà zuì 滔天：漫天。形容罪恶极大。
素车白马		【素车白马】sù chē bái mǎ 丧事所用的车马。
天怒人怨		【天怒人怨】tiān nù rén yuàn 上天愤怒，人民怨恨。形容为害作恶十分严重，激起公愤。

山穷水尽		【山穷水尽】shān qióng shuǐ jìn 穷：尽。山和水都到了尽头，前面无路可走了。原指荒僻之地，后比喻陷入绝境。
三生有幸		【三生有幸】sān shēng yǒu xìng 三生：佛家语，指前生、今生、来生。三生都很幸运。形容极为难得的幸运。
三三两两		【三三两两】sān sān liǎng liǎng 三个、两个地在一起。形容为数不多。《乐府诗集》卷四十七引晋人《娇女》诗："鱼行不独自，三三两两俱。"
搔头弄姿		【搔头弄姿】sāo tóu nòng zī 搔头：用手挠头。弄：摆弄。形容故作姿态，卖弄风情。

成语	印	释义
天宝当年		【天宝当年】tiān bǎo dāng nián 天宝：唐玄宗年号（公元742—756年）。比喻追忆往昔盛事。
贪天之功		【贪天之功】tān tiān zhī gōng 贪：把别人的东西占为己有。把天的功劳归于自己。比喻把别人的功劳占为己有。
醍醐灌顶		【醍醐灌顶】tí hú guàn dǐng 醍醐：由牛乳提炼的纯酥油。佛经中比喻最高的佛法。灌顶：佛教仪式，弟子入门时须经本师用醍醐或水浇灌头顶。多比喻灌输智慧，使人彻悟。也比喻使人感到清凉舒适，或对某个事理豁然开朗。
随时制宜		【随时制宜】suí shí zhì yí 根据当时条件或需要，灵活地采取适宜的措施。《晋书·周崎传》："州将使求援于外，本无定指，随时制宜耳。"（指，宗旨，意向。）

三教九流		【三教九流】sān jiào jiǔ liú 三教：儒教、道教、佛教。九流：儒家、道家、阴阳家、法家、名家、墨家、纵横家、杂家、农家。旧社会中用来泛称江湖上各种各样的人，后泛指宗教、学术领域中的各种流派或社会上各行各业。
杀人如麻		【杀人如麻】shā rén rú má 杀死的人像乱麻一样多得难以数清。形容杀人极多。
善罢甘休		【善罢甘休】shàn bà gān xiū 善：好好地。引申为轻易地、心甘情愿地罢休。
山高水低		【山高水低】shān gāo shuǐ dī 比喻不幸的事情。《水浒传》第四回："赵员外道：'若是留提辖在此，诚恐有些山高水低，教提辖怨怅。'"

所向无前		【所向无前】suǒ xiàng wú qián 所向：指军队所指向的地方。无前：指没有阻挡。形容军威壮盛，势不可当。
倜傥不羁		【倜傥不羁】tì tǎng bù jī 倜傥：特异，豪爽，洒脱；不羁：不受约束。豪爽洒脱，不受拘束。
贪污腐化		【贪污腐化】tān wū fǔ huà 利用职权收取贿赂或将国家、集体的财物占为己有，思想道德堕落，生活腐化。
随机应变		【随机应变】suí jī yìng biàn 机：时机。随着具体情况的变化灵活应付。

成语	印	释义
色厉内荏		【色厉内荏】sè lì nèi rěn 色：神色。厉：严厉。荏：软弱。形容外表强硬，内心怯弱。
三思而行		【三思而行】sān sī ér xíng 三思：反复思考。本指犹豫不决，难下决心，后指应当考虑成熟后才付诸行动。
善善恶恶		【善善恶恶】shàn shàn wù è 善善：称赞善行。恶恶：憎恶邪恶。形容人是非清楚，爱憎分明。
三人成虎		【三人成虎】sān rén chéng hǔ 三人谣传说有老虎，听者就会以为真有老虎。比喻谣言或讹传一再重复，即能蛊惑人心。

一仍旧贯		【一仍旧贯】yī réng jiù guàn 一：全，都。仍：按照。贯：习惯，惯例。完全依靠老办法、旧规矩办事。
一身而二任		【一身而二任】yī shēn ér èr rèn 任：职务，责任。一个人同时担任两种职务或担负两项任务、两重责任。
一倡三叹		【一倡三叹】yī chàng sān tàn 宗庙奏乐，一个人唱歌，三个人赞叹而应和。后形容诗文优美婉转而富有情味。倡，亦作“唱”。
一反常态		【一反常态】yī fǎn cháng tài 一：完全，整个的。反：转换。常：平日的，平时的。完全和平常的态度相反。

入室操戈		【入室操戈】rù shì cāo gē 操：拿；戈：古代像矛之类的武器。到他的屋里去，拿他的武器攻击他。比喻引用对方的论点来反驳对方。
如此而已		【如此而已】rú cǐ ér yǐ 如此：像这样。而已：罢了。就是这样罢了。指别无其他。
如意算盘		【如意算盘】rú yì suàn pán 考虑问题从主观意愿出发，只从好的方面着想、打算。
弱不胜衣		【弱不胜衣】ruò bù shèng yī 胜：经得住，能承受。好像连衣服都承受不起。形容人十分瘦小柔弱。

否极泰来		【否极泰来】pǐ jí tài lái 否、泰：《周易》中的两个卦名；天地不相交，叫"否"，天地相交叫"泰"，"否"象征闭塞失利，"泰"象征通达顺利，"否"和"泰"可以互相转化。意思是事物发展到了极点，就要转化为它的对立面，"否"就要转化为"泰"。即坏到了尽头就要转好。
丝丝入扣		【丝丝入扣】sī sī rù kòu 扣：通"筘"，织布机上的主要机件之一，织布时纬纱穿入经纱层后，依靠筘的推压使经纬交织构成织物。织布时，每条经线都要从筘中通过。比喻紧密合拍，毫无出入。
随声附和		【随声附和】suí shēng fù hè 附和：追随、应和别人。别人说什么就跟着说什么。形容没有主见，只知盲从。
探骊得珠		【探骊得珠】tàn lí dé zhū 骊：骊龙，黑色的龙。原指冒着生命危险潜入深渊，摸到黑龙，在其下巴底下取出宝珠。后比喻行文深得题旨，或能切中要害。

如堕烟海		【如堕烟海】rú duò yān hǎi 好像掉进云雾中一样。比喻茫然不得要领或摸不着头脑，认不清方向。
若敖鬼馁		【若敖鬼馁】ruò áo guǐ něi 若敖：指春秋时楚国的若敖氏，馁：饿。《左传·宣公四年》记载，楚国的令尹子文是若敖氏的后代，担心他的侄儿越椒将来会使若敖氏灭宗，临死时，对族人哭着说："鬼犹求食，若敖氏之鬼不其馁而！"意思是若敖氏的鬼将因灭宗而无人祭祀。后来就用"若敖鬼馁"比喻子孙断绝，没有后代。
如出一辙		【如出一辙】rú chū yī zhé 辙：车轮滚压出痕迹。好像出自同一个车辙。比喻彼此的言行或情况非常相似。
入境问禁		【入境问禁】rù jìng wèn jìn 境：边界。禁：禁令。进入别国国界，先问清该国的禁忌，以免触犯。

叹为观止		【叹为观止】tàn wéi guān zhǐ 叹：赞叹。观止：看到这里便已足够了。赞叹所见事物尽善尽美，好到了极点。
探囊取物		【探囊取物】tàn náng qǔ wù 囊：口袋。就像伸手从口袋里取东西一样简单。比喻事情轻而易举就可办到。
贪贿无艺		【贪贿无艺】tān huì wú yì 贿：财物；艺：准则，引申为限度。指贪污受贿没有限度，也形容剥削阶级对人民的搜刮没有限制。
索然寡味		【索然寡味】suǒ rán guǎ wèi 索然：没兴致的样子。形容毫无意味，使人不感兴趣。

茹毛饮血		【茹毛饮血】rú máo yǐn xuè 茹：吃。指原始人类捕到禽兽就连毛带血生吃。也指古代盟誓的一种仪式。
柔茹刚吐		【柔茹刚吐】róu rú gāng tǔ 柔：弱。茹：吃。刚：强。软的吃掉，硬的吐出。比喻欺弱避强，欺软怕硬。
弱不好弄		【弱不好弄】ruò bù hào nòng 弱：年少。弄：嬉戏。年少时不爱嬉戏。
如影随形		【如影随形】rú yǐng suí xíng 如同影子总是跟着形体一样。比喻关系十分密切，不可分离。

谈笑封侯		【谈笑封侯】tán xiào fēng hóu 侯：古代五等爵位的第二等。说说笑笑之间就封了侯爵。旧时形容博取功名很容易。
体无完肤		【体无完肤】tǐ wú wán fū 全身没有一块完好的皮肤。形容遍体是伤。也比喻被批驳、责骂得一无是处。
谈言微中		【谈言微中】tán yán wēi zhòng 言语隐约曲折，但切中事理。
隋珠弹雀		【隋珠弹雀】suí zhū tán què 隋珠：传说中的宝珠。用珍贵的隋珠去弹射鸟雀。比喻做事不知衡量轻重，因而得不偿失。

如坐云雾		【如坐云雾】rú zuò yún wù 比喻糊涂，不能辨析事理。
孺子可教		【孺子可教】rú zǐ kě jiào 孺子：小孩子。这孩子可以教导。用以称赞年轻人有出息，可以造就。
柔心弱骨		【柔心弱骨】róu xīn ruò gǔ 形容性情柔和。
若明若暗		【若明若暗】ruò míng ruò àn 像是明朗，又像阴暗。比喻对问题或情况认识模糊。

太仓稊米		【太仓稊米】tài cāng tí mǐ 太仓：古代京城里的大粮仓。稊：草名，形似稗，实如小米。大粮仓里的一粒小稊米。比喻非常渺小。
体大思精		【体大思精】tǐ dà sī jīng 体：格局、规模。思：思虑、构思。形容规模宏大，思虑精密。
特立独行		【特立独行】tè lì dú xíng 特：独，这里指突出不凡。形容志行高洁，不同时俗。
贪生怕死		【贪生怕死】tān shēng pà sǐ 贪：贪恋，舍不得。贪恋生存，害怕死亡。

日中为市		【日中为市】rì zhōng wéi shì 日中：太阳当头，指中午；市：做买卖。太阳当头时进行交易。原指古代物物交换的集市方式。《周易·系辞下》："日中为市，致天下之民，聚天下之货，交易而退，各得其所。"后也形容偏僻地区的商业活动情况。
如丧考妣		【如丧考妣】rú sàng kǎo bǐ 丧：丧失，死。考妣：已死去的父母。原意为好像死了父母一样。形容十分悲伤、着急。
冗词赘句		【冗词赘句】rǒng cí zhuì jù 冗、赘：多余的，无用的。多余、无用的话。
入主出奴		【入主出奴】rù zhǔ chū nú 入主：以自己所崇信的学派为主。出奴：以自己所排斥的学派为奴。信仰这一种学说，就排斥另一种学说，以自己所信仰的为主，以所排斥的为奴。指学术上的宗派主义偏见。

逃之夭夭		【逃之夭夭】táo zhī yāo yāo 夭夭：茂盛。原形容桃叶十分茂盛。后因“桃”、“逃”谐音而诙谐地指称逃走。
提心吊胆		【提心吊胆】tí xīn diào dǎn 吊：悬着，不踏实。形容担忧恐惧，心神不定。
四面八方		【四面八方】sì miàn bā fāng 泛指周围各地或各个方面。
天保九如		【天保九如】tiān bǎo jiǔ rú 《诗经·小雅·天保》中有“如山如阜……如松柏之茂，无不尔或承”等句，篇中连用九个“如”字，祝贺他人福寿延绵不绝，意与“万寿无疆”相类。

如获至宝		【如获至宝】rú huò zhì bǎo 如：好像。获：得到。至：极，最。原意为好像得到了最珍贵的宝物，形容得到了最喜欢的人或物，十分珍惜。
如鸟兽散		【如鸟兽散】rú niǎo shòu sàn 像鸟兽那样飞奔四散。比喻溃败逃散。《汉书·李陵传》："今无兵复战，天明坐受缚矣！各鸟兽散，犹有得脱归报天子者。"
如牛负重		【如牛负重】rú niú fù zhòng 像牛负担着沉重的东西。比喻负担很沉重。
如狼牧羊		【如狼牧羊】rú láng mù yáng 旧时比喻酷吏欺压人民。

一夔已足		【一夔已足】yī kuí yǐ zú 夔：相传为舜时的典乐官。足：够。原意为夔一人足以制乐。后比喻真正的人才，有一个就足够了。
一日三秋		【一日三秋】yī rì sān qiū 秋：指一季或一年。三秋：指三年。一天没有见面，就像隔了三年一样。《诗经·王风·采葛》："彼采葛兮，一日不见，如三秋兮。"后来就用"一日三秋"表示离别后想念得很殷切。
一得之功		【一得之功】yī dé zhī gōng 一点微小的成绩。
一唱一和		【一唱一和】yī chàng yī hè 唱：也作"倡"。和：应和，跟着别人唱。原指两人情感相通而彼此唱和。后比喻互相配合，互相呼应（多含贬义）。

身外之物		【身外之物】shēn wài zhī wù 身体以外的东西。多指财物。有些人认为自己死了以后，钱财等物对他就不起作用，因此把钱财等称为“身外之物”。
上树拔梯		【上树拔梯】shàng shù bá tī 送人家上了树却搬掉梯子。比喻诱人前进而断其退路。
神乎其神		【神乎其神】shén hū qí shén 神：神妙，神秘。乎：语气助词，表感叹。形容极其神秘或奇妙。也指故弄玄虚而显得神秘。
少不更事		【少不更事】shào bù gēng shì 更：经历。年轻没有经过多少事。形容人年纪轻，缺乏阅历和经验。

要言不烦		【要言不烦】yào yán bù fán 要：切要，简要。烦：烦琐。指说话、行文简明扼要，不烦琐。
衔尾相随		【衔尾相随】xián wěi xiāng suí 衔尾：前后相接。形容一个跟着一个，首尾相随。
无伤大雅		【无伤大雅】wú shāng dà yǎ 大雅：高尚雅正。对主要方面没有损害。多指言论虽含诙谐、讽刺意味但仍不失雅正。
向隅而泣		【向隅而泣】xiàng yú ér qì 隅：墙角。面对着墙角哭泣。比喻因孤立无援或失意而悲伤。

生杀予夺		【生杀予夺】shēng shā yǔ duó 生：让人活。予：给予。夺：剥夺。指统治阶级掌握人民的生命及财产的处置大权。
身临其境		【身临其境】shēn lín qí jìng 临：到。亲身到了那个境地。
舍己为人		【舍己为人】shě jǐ wèi rén 牺牲自己的利益来帮助别人。
稍胜一筹		【稍胜一筹】shāo shèng yī chóu 筹：计数的工具。比较起来，稍微好一些。

五日京兆		【五日京兆】wǔ rì jīng zhào 京兆：指京兆尹，古代首都长官。指任职时间短或即将去职。
无可救药		【无可救药】wú kě jiù yào 药：用药物治疗。比喻病情或事态非常严重，已到了无法挽救的地步。
一本万利		【一本万利】yī běn wàn lì 本：本钱。利：利润。用极少的本钱赚取极大的利润。也比喻花费很少就能得到很多好处。
心血来潮		【心血来潮】xīn xuè lái cháo 来潮：潮水上涨。旧指所谓神仙心里突然为某种预兆所动。后多比喻心里忽然产生某种念头。

少年老成		【少年老成】shào nián lǎo chéng 老成：老练成熟。人虽年轻，为人处事却很老练稳重。
生死肉骨		【生死肉骨】shēng sǐ ròu gǔ 使死者复活，使白骨长肉。比喻恩德极为深厚。
身败名裂		【身败名裂】shēn bài míng liè 身：身份，地位。败：毁坏。裂：破损。身份地位丧失，名声败坏。
少头无尾		【少头无尾】shǎo tóu wú wěi 指首尾不全。

无可讳言		【无可讳言】wú kě huì yán　讳言：有顾忌，不敢或不愿意说。没有什么不可以直说的。
相安无事		【相安无事】xiāng ān wú shì　相：互相，彼此。安：安定，安稳。指彼此和平相处，平安无事。
想当然		【想当然】xiǎng dāng rán　凭主观想象，就认为应该这样做。《后汉书·孔融传》："以今度之，想当然耳。"
纤悉无遗		【纤悉无遗】xiān xī wú yí　纤悉：细微详尽。遗：遗漏。一点儿都没有遗漏。

神魂颠倒		【神魂颠倒】shén hún diān dǎo 形容对某事思念已极，心意不定，神志恍惚。
上行下效		【上行下效】shàng xíng xià xiào 效：效法，模仿。上面的人怎样做，下面的人也学着怎样做。多用于贬义。
舍本逐末		【舍本逐末】shě běn zhú mò 指做事不从根本上着手，而在枝节上用工夫。
少见多怪		【少见多怪】shǎo jiàn duō guài 见识少，遇到不常见的事物以为怪。多用以嘲讽别人孤陋寡闻。

想入非非		【想入非非】xiǎng rù fēi fēi 非非：佛家用语。指非一般认识力所能达到的玄虚境界。指想得离奇玄妙，或胡思乱想入了迷。
无计可施		【无计可施】wú jì kě shī 计：计谋，办法。施：施展。想不出任何计策或办法来对付。指一点儿办法也没有。
心腹之患		【心腹之患】xīn fù zhī huàn 心腹：比喻内部或要害部位。患：祸患。比喻隐藏在内部或危害极大的祸患。
相反相成		【相反相成】xiāng fǎn xiāng chéng 相反：矛盾的双方互相排斥或互相斗争。相成：互相促成。互相对立，而又互相促成。

生搬硬套		【生搬硬套】shēng bān yìng tào 生：生硬。指不从实际出发，生硬地搬用别人的理论、经验、方法等。
深文周纳		【深文周纳】shēn wén zhōu nà 深文：苛刻地制定或援用法律条文。周：周密。纳：使别人陷入。尽力使别人陷入。《史记·酷吏列传》："(张汤)与赵禹共定诸律令，务在深文。"《汉书·路温舒传》："上奏畏却，则锻炼而周纳之。"原来形容酷吏尽量苛刻地援用法律条文，陷人于罪。后也泛用以形容给人强加罪名。
身无长物		【身无长物】shēn wú cháng wù 长物：多余的东西。身上没有多余的东西。形容人清贫或生活简朴。
深藏若虚		【深藏若虚】shēn cáng ruò xū 虚：空。指货物隐藏得很深，好像什么都没有。也比喻有才能的人谦虚退让，不露锋芒。

项背相望		【项背相望】xiàng bèi xiāng wàng 项：颈项。背：脊背。《后汉书·左雄传》："监司项背相望。"李贤注："项背相望，谓前后相顾也。"后来也用以形容人很拥挤，连续不断。
笑里藏刀		【笑里藏刀】xiào lǐ cáng dāo 形容人外表和善而内心阴险毒辣。
心神不定		【心神不定】xīn shén bù dìng 心绪不定，神思不安。
心胆俱裂		【心胆俱裂】xīn dǎn jù liè 心和胆都破裂了。形容极度惊恐或悲愤。

深入浅出		【深入浅出】shēn rù qiǎn chū 指阐述的内容很深刻，措辞表达却浅显易懂。
神出鬼没		【神出鬼没】shén chū guǐ mò 出：出现。没：消失。原比喻用兵灵活神奇疾速，变化莫测。后也泛指变化多端，难以捉摸。
生吞活剥		【生吞活剥】shēng tūn huó bō 比喻生硬地抄袭或机械地搬用他人的理论、方法、经验等。
深居简出		【深居简出】shēn jū jiǎn chū 简：少。原指野兽潜藏深山老林中，很少出来。后指人待在家里，很少出门。也指避世而独处。

相机行事		【相机行事】xiāng jī xíng shì 相：察看。观察时机而采取行动。
心知其意		【心知其意】xīn zhī qí yì 心里懂得了它的意思。形容领会了文章的主旨或掌握了技艺的要领。《史记·五帝本纪》："非好学深思，心知其意，固难为浅见寡闻道也。"
枵腹从公		【枵腹从公】xiāo fù cóng gōng 枵：空虚。指饿着肚子办理公务，形容一心为公。
向火乞儿		【向火乞儿】xiàng huǒ qǐ ér 乞儿：乞丐。烤火的叫花子。比喻趋附权势的人。

盛食厉兵		【盛食厉兵】shèng shí lì bīng　吃饱并磨快兵器，作好战斗准备。《商君书·兵守》："壮男之军，使盛食厉兵，陈而待敌。"
舍我其谁		【舍我其谁】shě wǒ qí shuí　舍：舍弃。除了我，还能有谁呢？表示只有自己能担当，别人都不能。多形容人清高自负。
生不逢辰		【生不逢辰】shēng bù féng chén　辰：时，时机。生下来就没有遇到过好时机。语出《诗经·大雅·桑柔》"我生不辰"。
神通广大		【神通广大】shén tōng guǎng dà　神通：原为佛教用语，指无所不能的法术。后泛指高明奇妙的本领。指本领特别大。

下里巴人		【下里巴人】xià lǐ bā rén 《下里》、《巴人》：战国时楚国的民间乐曲。泛指通俗普及的文艺作品。
洗垢求瘢		【洗垢求瘢】xǐ gòu qiú bān 洗掉污垢，寻找瘢痕。比喻故意挑剔别人的缺点或过失。
虾兵蟹将		【虾兵蟹将】xiā bīng xiè jiàng 神话故事中龙王的兵将。多用以比喻大大小小的喽啰。
细微末节		【细微末节】xì wēi mò jié 细小的枝杈，微末的环节。比喻无碍大体、很不重要的环节。也比喻极其微细的环节。

涉笔成趣		【涉笔成趣】shè bǐ chéng qù 涉笔：动笔，下笔。趣：意味，意趣。一动笔就可以创作出意趣盎然的作品来。
深不可测		【深不可测】shēn bù kě cè 深得难以测量。也比喻事物复杂深奥，难以揣度。
深厉浅揭		【深厉浅揭】shēn lì qiǎn qì 厉：连衣涉水；揭：提起衣裳。意思是涉浅水时可以撩起衣服过去，涉深水时撩起衣服也无用，只能连衣下去。比喻处理问题要因地制宜。
少安毋躁		【少安毋躁】shǎo ān wù zào 少：稍微。毋：不要。稍微平静一下，不要急躁。多用于劝人保持耐心。

无孔不入		【无孔不入】wú kǒng bù rù 没有空子不钻。比喻利用一切机会、场合进行活动。多含贬义。
无隙可乘		【无隙可乘】wú xì kě chéng 隙：裂缝，空子。没有空子可以钻。
徙宅忘妻		【徙宅忘妻】xǐ zhái wàng qī 徙：迁移。搬家忘记带妻子。比喻办事荒唐。汉·刘向《说苑·敬慎》：“鲁哀公问于孔子曰：‘予闻忘之甚者，徙而忘其妻，有诸乎？’”
狭路相逢		【狭路相逢】xiá lù xiāng féng 原指窄路相遇，无法退避。后比喻仇人相见难以相容。也指巧遇。

舍生取义		【舍生取义】shě shēng qǔ yì 生：生命。义：正义。为了正义而牺牲自己的性命。
身体力行		【身体力行】shēn tǐ lì xíng 身：亲自。体：体验。力：尽力。指亲自体验，努力实行。
深沟高垒		【深沟高垒】shēn gōu gāo lěi 军队扎营，把壕沟掘深，把壁垒筑高。构筑强固的防御工事。
神思恍惚		【神思恍惚】shén sī huǎng hū 神思：精神、思绪。恍惚：不清晰，不稳定。形容人神志不清，心神不定。

眼花缭乱		【眼花缭乱】yǎn huā liáo luàn　缭：纷乱。看到纷繁复杂或光彩耀眼的事物而感到迷乱。也形容受到某种刺激或震动后神情迷乱的样子。
无精打采		【无精打采】wú jīng dǎ cǎi　采：精神。打采：打消了神采。精神不振，情绪低落。
谢天谢地		【谢天谢地】xiè tiān xiè dì 感谢天地神明。古人认为祥瑞是由上天神灵安排的，因此常常烧香上供表示虔诚感激。现表示问题终于解决，愿望终于实现时的庆幸心情。
无以复加		【无以复加】wú yǐ fù jiā 无法再增加。形容已达到了顶点。

事倍功半		【事倍功半】shì bèi gōng bàn 形容花费的气力大而收到的成效小。
舌敝唇焦		【舌敝唇焦】shé bì chún jiāo 焦：干。口唇干燥。形容费尽口舌。也形容非常干渴。
树之风声		【树之风声】shù zhī fēng shēng 树：建立。风：教化。声：风声，风气。建立好的教化，宣扬好的风气。
生荣死哀		【生荣死哀】shēng róng sǐ āi 活着受人尊敬，死后让人哀痛。常用以称颂人生前成就大、名望高。

成语	印章	释义
夏炉冬扇		【夏炉冬扇】xià lú dōng shàn 夏天生火炉，冬天扇扇子。比喻做事不合时宜，不可思议。
无关痛痒		【无关痛痒】wú guān tòng yǎng 关：关系。痛痒：比喻切身相关的事情。与自身利害没有关系或无足轻重。
心安理得		【心安理得】xīn ān lǐ dé 自认为合情合理，心里坦然、踏实。
药笼中物		【药笼中物】yào lóng zhōng wù 药笼：盛药的器具。药笼中储备的东西。比喻储备待用的人才。

成语	印章	释义
生死攸关		【生死攸关】shēng sǐ yōu guān 攸：所。关系到人的生死存亡。形容非常紧要的关键所在。
神色不动		【神色不动】shén sè bù dòng 神色：神情面容。遇到意外或紧张的情势，能镇静对待，不改面色。
身价百倍		【身价百倍】shēn jià bǎi bèi 身价：本指卖身价，后指人的身份或地位。形容人或事物的声名、地位大大提高了。
舍近求远		【舍近求远】shě jìn qiú yuǎn 求：谋求。舍弃近的，寻求远的。指做事迂回曲折，不走捷径。也指所求的不切实际。

象齿焚身		【象齿焚身】xiàng chǐ fén shēn 焚身：丧生。象因长有珍贵的牙齿而遭捕杀。比喻人因财多而招致祸患。
心中有数		【心中有数】xīn zhōng yǒu shù 指心里对具体实际情况已经掌握，或对事情的处理已有准备。即心里有底。
无名小卒		【无名小卒】wú míng xiǎo zú 小卒：小兵。比喻没有名气、不重要的人或极平凡、平常的人。
邪门歪道		【邪门歪道】xié mén wāi dào 比喻不正当的门路、方法。

声色俱厉		【声色俱厉】shēng sè jù lì 说话的声音和脸色都严厉。
如蚁附膻		【如蚁附膻】rú yǐ fù shān 附：依傍。像蚂蚁围着有膻味的东西一样。比喻人趋炎附势、追求名利的龌龊行为。
师心自用		【师心自用】shī xīn zì yòng 师心：以自己的心意为师。自用：凭自己的主观意识行事。指固执己见，自以为是。
赏心乐事		【赏心乐事】shǎng xīn lè shì 赏心：心意畅快。欢畅的心情和快乐的事情。

喜怒无常		【喜怒无常】xǐ nù wú cháng 忽而喜欢，忽而恼怒，变化不定。指性情多变，难以捉摸。
喜跃抃舞		【喜跃抃舞】xǐ yuè biàn wǔ 跃：跳。抃：鼓掌。形容高兴得手舞足蹈的情状。
习焉不察		【习焉不察】xí yān bù chá 习惯了就察觉不出其中的问题。
下不为例		【下不为例】xì bù wéi lì 下：下一次。下一次不能以此为例。表示只能通融或宽恕这一次。

羌无故实		【羌无故实】qiāng wú gù shí 羌：文言助词。故实：典故。指诗文不用典故或无出处。亦比喻没有根据。
前倨后恭		【前倨后恭】qián jù hòu gōng 倨：傲慢。恭：恭敬。先前傲慢，后来恭敬。多形容人前后态度的改变。
潜移默化		【潜移默化】qián yí mò huà 潜、默：暗中；无形。指人的思想或性格受其他方面的感染而不知不觉地起了变化。
千金之子		【千金之子】qiān jīn zhī zǐ 旧时称富家子弟。《史记·越王勾践世家》："我闻千金之子，不死于市。"

无所适从		【无所适从】wú suǒ shì cóng 适：往，到。从：跟从。不知依从谁才好，不知怎么办才好。
细大不捐		【细大不捐】xì dà bù juān　细：细小的事物。大：大事物。捐：舍弃。小的大的都不舍弃。唐·韩愈《昌黎先生集·进学解》："贪多务得，细大不捐。"
摇鹅毛扇		【摇鹅毛扇】yáo é máo shàn　传说三国时诸葛亮常手执羽扇指挥作战，后代戏剧舞台上的一些军师形象也是这样的装束，因用以比喻出谋划策。
一步一鬼		【一步一鬼】yī bù yī guǐ　走一步就好像碰到一个鬼，形容人遇事多疑。

七嘴八舌		【七嘴八舌】qī zuǐ bā shé 形容人多嘴杂，讲个不停。也形容饶舌多嘴。
入木三分		【入木三分】rù mù sān fēn 原形容书法笔力道劲雄健。也比喻见解、议论十分深刻、恰切。后比喻人见解深刻。
千门万户	[img_seal_3]	【千门万户】qiān mén wàn hù 形容人家众多。清·卢道悦《迎春》诗："不须迎向东郊去，春在千门万户中。"也形容屋宇深广。
谦谦君子		【谦谦君子】qiān qiān jūn zǐ 谦谦：谦逊的样子。指谦逊有礼的人。

下车伊始		【下车伊始】xià chē yī shǐ 下车：指新官到任。伊始：伊，文言助词，无实意。指新官刚刚上任。现多指新到一个地方。
向平之愿		【向平之愿】xiàng píng zhī yuàn 向平：东汉时的向长，字子平。指把子女抚养成人并为之完婚的心愿。
无拳无勇		【无拳无勇】wú quán wú yǒng 拳：力气。勇：勇气。没有力量，也没有勇气。《诗经·小雅·巧言》："无拳无勇，职为乱阶。"
惜指失掌		【惜指失掌】xī zhǐ shī zhǎng 爱惜一个手指头，却不惜失掉一只手。比喻重小轻大或因小失大。

如日方升		【如日方升】rú rì fāng shēng 像太阳刚刚升起。比喻正处在兴盛时期，也比喻有强大的生命力和发展前途。
匹夫之勇		【匹夫之勇】pǐ fū zhī yǒng 匹夫：指普通人，不会动脑筋的人。勇：勇气。缺乏智谋而仅靠个人的勇气。
三坟五典		【三坟五典】sān fén wǔ diǎn 三坟：指伏羲、神农、黄帝的书。五典：指少昊、颛顼、高辛、唐、虞的书。传说中我国最古的书籍。
前无古人		【前无古人】qián wú gǔ rén 从来没有人做过的，空前的。

相映成趣		【相映成趣】xiāng yìng chéng qù 映：对照，映衬。互相对照、映衬着就显得更有趣味，更有意思。
相去无几		【相去无几】xiāng qù wú jǐ 去：距。无几：没有多少。形容相差不大。
胁肩累足		【胁肩累足】xié jiān lěi zú 胁肩：耸起双肩。累足：并着两脚。形容畏惧的情态。《资治通鉴·汉景帝三年》："胁肩累足，犹惧不见释。"
遥遥无期		【遥遥无期】yáo yáo wú qī 遥遥：形容时间长久。期：期限。指距离达到目的或实现愿望的时间还很远。

倾箱倒箧		【倾箱倒箧】qīng xiāng dào qiè 倾：全部倒出。箧：小箱子。将筐子里和箱子里的东西全部倒出。比喻尽其所有。
魂不附体		【魂不附体】huí bù fù tǐ 魂：灵魂。附：附着。灵魂离开了躯体。形容万分恐惧。
穷而后工		【穷而后工】qióng ér hòu gōng 工：精巧；精致。指文人境遇越穷困，感触越深，诗文就写得越好。
批亢捣虚		【批亢捣虚】pī kàng dǎo xū 批：用手击。亢：咽喉，比喻要害。捣：攻击。虚：空虚薄弱之处。攻击对方要害，乘虚而入。

药店飞龙		【药店飞龙】yào diàn fēi lóng 飞龙：中药龙骨。像药店的龙骨那样。比喻人消瘦得像露出了骨头。
先难后获		【先难后获】xiān nán hòu huò 难：劳苦。获：收获。先付出劳苦而后才有收获。比喻不坐享其成。
杳如黄鹤		【杳如黄鹤】yǎo rú huáng hè 杳：见不到踪影。唐·崔颢《崔颢集·黄鹤楼》诗："黄鹤一去不复返，白云千载空悠悠。"后来就以"杳如黄鹤"比喻一去不见踪影。
无人问津		【无人问津】wú rén wèn jīn 津：渡口。没有人来打听渡口。比喻没有人来探索、尝试或过问。

千金买骨		【千金买骨】qiān jīn mǎi gǔ 用千金买千里马的骨头。比喻用重金招揽人才。
三长两短		【三长两短】sān cháng liǎng duǎn 比喻意外的灾祸或事故。常作“灾患”“死亡”等不幸事件的委婉语。
浑俗和光		【浑俗和光】hún sú hé guāng 指不露锋芒，与人无争。这是一种保全自己的处世态度。也比喻无能、不中用。
平原督邮		【平原督邮】píng yuán dū yóu 平原：古代郡名，治所在今山东省平原县西南。督邮：古代官名。旧时用作坏酒的隐语。

恶湿居下		【恶湿居下】wù shī jū xià 恶：憎恶，讨厌。下：低洼处。厌恶潮湿却自处于低洼近水的地方。比喻行动与愿望相背。
吸风饮露		【吸风饮露】xī fēng yǐn lù 吸：吸进。不吃饭，只用风、露来代替食物和饮料。
先务之急		【先务之急】xiān wù zhī jí 先务：应该最先做的事情。指最急着要做的事情。
一本正经		【一本正经】yī běn zhèng jīng 原指一部正规的经典。后多用以形容端庄严肃、郑重其事的样子。有时含讽刺意味。

浅斟低唱		【浅斟低唱】qiǎn zhēn dī chàng 斟：筛酒。缓缓地喝酒，听人曼声歌唱。形容封建士大夫消闲享乐的情态。宋·柳永《乐章集·鹤冲天》词："忍把浮名，换了浅斟低唱。"
前度刘郎		【前度刘郎】qián dù liú láng 前度：前次，上回。刘郎：指刘禹锡。上回的那个刘郎。常用以代称去而复来的人。语出唐·刘禹锡《再游玄都观》诗："种桃道士今何处，前度刘郎今又来。"
排难解纷		【排难解纷】pái nàn jiě fēn 难：患难。纷：纷乱。排除患难，解决纠纷。
钱可通神		【钱可通神】qián kě tōng shén 钱可以买通神。形容金钱魔力巨大，可以买通一切。

无事生非		【无事生非】wú shì shēng fēi 无缘无故地捣乱、闹事，故意制造纷争。
席珍待聘		【席珍待聘】xí zhēn dài pìn 席：铺陈。铺陈珍品，待人选用。比喻怀才待用。
无遮大会		【无遮大会】wú zhē dà huì 佛教名词。指所谓布施僧俗的大会。“无遮”是没有遮拦的意思，指不分贵贱、僧俗、智愚、善恶，平等看待。
下车泣罪		【下车泣罪】xià chē qì zuì 罪：罪犯。下车向遇见的罪人流泪。原指大禹见到罪犯，感到自己有不可推卸的责任而痛心。多用以颂扬统治者施行仁政。

窃窃私语		【窃窃私语】qiè qiè sī yǔ　窃窃：形容声音细小。私下轻声细语地说话。
强干弱枝		【强干弱枝】qiáng gàn ruò zhī　加强树干，削弱枝叶。比喻加强中央权力，削弱地方势力。
平淡无奇		【平淡无奇】píng dàn wú qí　平平常常，没有突出的地方。
骑者善堕		【骑者善堕】qí zhě shàn duò　善：多；好。惯于骑马的人往往好掉下来。比喻擅长某事的人，往往会因为粗心疏忽而遭致失败。

瞎子摸鱼		【瞎子摸鱼】xiā zi mō yú 比喻没有调查研究，盲目行事。也指对知识、道理没有真正弄懂。
席不暇暖		【席不暇暖】xí bù xiá nuǎn 席：坐席，古人铺设在地上的座物。暇：闲暇。形容奔走匆忙，连坐定的时间都没有。
习与性成		【习与性成】xí yǔ xìng chéng 性：性格，习性。长期的习惯，会形成某种性格。
无能为役		【无能为役】wú néng wéi yì 役：役使。简直连供给他们役使都不配。自谦才干远不能和别人相比。

巧不可阶		【巧不可阶】qiǎo bù kě jiē 阶：台阶，引申为登升，赶上，达到。巧妙得谁也赶不上。
轻裘肥马		【轻裘肥马】qīng qiú féi mǎ 裘：皮衣。乘坐肥壮的马匹驾的车，穿着轻软暖和的皮袍。形容生活非常富裕奢华。
轻裘缓带		【轻裘缓带】qīng qiú huǎn dài 轻裘：轻暖的皮衣。轻暖的皮衣，宽缓的腰带。形容体态闲适从容。旧时多形容儒将风度。
千仓万箱		【千仓万箱】qiān cāng wàn xiāng 仓：粮仓。形容丰年粮食储备极多。

无理取闹		【无理取闹】wú lǐ qǔ nào 毫无道理而故意吵闹捣乱。
无所事事		【无所事事】wú suǒ shì shì 事事：做事。闲着没事情可干。
膝痒搔背		【膝痒搔背】xī yǎng sāo bèi 膝盖痒却去搔背。比喻言论或处事失当，抓不住要害，无济于事。
细针密缕		【细针密缕】xì zhēn mì lǚ 缕：线。缝制细密。比喻细致周到。

穷源竟委		【穷源竟委】qióng yuán jìng wěi 穷、竟：穷究，追寻到尽头。源：水源。委：水流末尾。彻底探查江河的源与流。比喻彻底探究事物的始末原由。
情见势屈		【情见势屈】qíng xiàn shì qū 见：显露，暴露。屈：指亏损不利。在军事上己方情况败露而又处于不利地位。
穷奢极侈		【穷奢极侈】qióng shē jí chǐ 穷、极：尽，极端。奢：奢侈，浪费。奢侈和贪欲到了极点。
轻车熟路		【轻车熟路】qīng chē shú lù 轻：轻便，轻快。轻快的车在熟悉的老路上行走。比喻对事情熟悉，做起来轻而易举。

惜墨如金		【惜墨如金】xī mò rú jīn 惜：吝惜。吝惜笔墨像吝惜金子一样。形容绘画、写作诗文的态度极其严谨，不轻易落笔。
心无二用		【心无二用】xīn wú èr yòng 一心不能同时用在两件事上。指注意力只能集中于一点。
袭人故智		【袭人故智】xí rén gù zhì 袭：因袭，套用。智：指计策。套用别人使用过的旧计策。
下阪走丸		【下阪走丸】xià bǎn zǒu wán 坂：斜坡。从斜坡上滚下弹丸。比喻说话敏捷流利。